强国钢铁书系　融媒体图书

◎大国钢铁 70 年丛书

砥砺前行

——新时代的中国钢铁工业

DILI QIANXING——XINSHIDAI DE ZHONGGUO GANGTIE GONGYE

中国钢铁工业协会 编

北 京
冶金工业出版社
2021

内 容 提 要

“大国钢铁70年丛书”共分3册。本书为“大国钢铁70年丛书”之一，以中国钢铁工业协会党委书记何文波的“8个怎么看待”的署名文章为核心，站在历史的高度，扼要回顾了新中国钢铁工业所走过的光辉历程，着重阐述了新中国钢铁工业在新时代所面临的问题，以及对今后发展方向、措施的深层次思考，提出了具体对策和解决办法。何文波的讲话是中国钢铁工业协会及中国钢铁行业今后开展和改进工作的基本思路、基本要求、基本方法和工作目标，也是对行业的一种承诺和宣言，对我国钢铁工业今后一定时期的发展和深化改革具有一定的引领作用。

图书在版编目(CIP)数据

砥砺前行：新时代的中国钢铁工业／中国钢铁工业协会编．—北京：冶金工业出版社，2020.6（2021.12重印）
（大国钢铁70年丛书）
ISBN 978-7-5024-8493-4

Ⅰ．①砥…　Ⅱ．①中…　Ⅲ．①钢铁工业—工业发展—研究—中国
Ⅳ．①F426.31

中国版本图书馆CIP数据核字(2020)第100618号

砥砺前行——新时代的中国钢铁工业

出版发行 冶金工业出版社　　**电　话** (010)64027926
地　址 北京市东城区嵩祝院北巷39号　　**邮　编** 100009
网　址 www.mip1953.com　　**电子信箱** service@mip1953.com

责任编辑 姜晓辉 王艺婧　美术编辑 吕欣童　版式设计 孙跃红 禹 蕊
责任校对 卿文春　责任印制 李玉山
北京捷迅佳彩印刷有限公司印刷
2020年6月第1版，2021年12月第2次印刷
710mm×1000mm 1/16；7印张；26彩页；161千字；150页
定价 79.00元

投稿电话 (010)64027932　投稿信箱 tougao@cnmip.com.cn
营销中心电话 (010)64044283
冶金工业出版社天猫旗舰店 yjgycbs.tmall.com
（本书如有印装质量问题，本社营销中心负责退换）

“大国钢铁70年丛书”
编 委 会

序　言

70年艰苦奋斗，70年奋楫争先，70年砥砺辉煌。中华人民共和国成立以来的70年，是中国钢铁工业改变落后面貌、跻身世界钢铁技术装备先进水平、不断创造伟大成就的70年，是中国钢铁工业不断满足国民经济建设需求、支撑我国快速成为世界第二大经济体、不断做出伟大贡献的70年。

70年来，中国钢铁工业在党的领导下筚路蓝缕，砥砺前行，实现了从小到大、从弱到强的完美蜕变，走出了一条独具特色的大国钢铁崛起之路，日益走向了世界钢铁舞台的中央。70年来，中国钢铁工业不断解放思想，改革探索，突破桎梏，走上中国特色社会主义市场经济的康庄大道，创造了举世瞩目的成就，为共和国大厦挺起了钢铁脊梁。70年来，中国钢铁工业谱写了一首波澜壮阔、激越高昂的奋斗壮歌，见证着国与钢的灿烂辉煌，展现了钢铁人薪火相传的报国情怀和对钢铁强国的不懈追求。

数字是最有说服力的。1949年，中国钢产量只有15.8万吨；1996年突破1亿吨，仅用47年就成为全球第一产钢大国，创造了世界钢铁发展史上的奇迹；2019年达到9.96亿吨，占世界钢产量的半壁江山，连续24年稳居全球钢铁生产和消费第一位，彻底结束了中国钢铁供不应求的历史。70年来，中国钢铁工业奠定了中华民族强国富民的钢铁基础，完成了中国人民在从站起来到富起来的进程中钢铁人的伟大历史使命，如今正在为全面建成小康社会、实现中华民族伟大复兴贡献新的力量。

“大国钢铁70年丛书”是行业庆祝新中国成立70周年宣传的成果

为庆祝新中国成立70周年，中国钢铁工业协会确立了“新时代、新钢铁、新征程”的行业庆祝宣传主题，举办了一系列庆祝宣传活动。“大国钢铁70年丛书”便是这次庆祝宣传活动的成果。

历史是最好的教科书。70年来，中国钢铁工业有太多的光荣历史值得回忆，有太多的伟大成就值得自豪，有太多的宝贵经验值得总结，有太多的钢铁精神值得传承，有太多的历史瞬间值得铭记……回望新中国钢铁工业70年不平凡的历程，我们能得到许多宝贵的历史经验和未来启示，引导我们开启更为光辉的历程、创造更为伟大的成就。

2019年9月7日，中国钢铁工业协会主办并由中国冶金报社承办了钢铁行业庆祝中华人民共和国成立70周年座谈会。钢铁行业大咖欢聚一堂，深刻总结中国钢铁工业70年来所取得的历史成就，尤其是党的十八大以来，在“创新、协调、绿色、开放、共享”的新发展理念指导下所取得的新成绩、实现的新发展。回首过去，展望未来，大家纷纷表示，要以习近平新时代中国特色社会主义思想为指导，展望和绘制未来高质量发展的宏图，继续为中华民族的伟大复兴贡献钢铁人的力量。

2019年，中国冶金报社在中国钢铁工业协会的指导下，贯彻落实中宣部的要求，加强策划创新，强化媒体融合，以“壮丽70年　奋斗新时代”为主题，推出了一系列异彩纷呈、图文并茂的专栏预热性报道和两大特刊专题报道（《新时代　新钢铁　新征程——钢铁行业庆祝新中国成立70周年座谈会特刊》、“十一”《礼赞特刊》），多角度、多侧面、立体式展现了70年来，尤其是党的十八大以来钢铁工业波澜壮阔的发展历程和伟大成就。

可以说，我们钢铁行业在这次庆祝新中国成立70周年的宣传报道中打了一个漂亮仗，对于总结行业历史成就、树立钢铁正面形象、启迪新时代高质量发展起到很好的作用。现在，我们将这次宣传报道的部分重要内容汇集成册，出版“大国钢铁70年丛书”以飨读者。

同时，改革开放作为关键一招，在新中国发展史上具有划时代意义。我们也将《中国冶金报》庆祝改革开放40周年的部分报道收录到“大国钢铁70年丛书”的“关键一招”部分，从而大大丰富了“大国钢铁70年丛书”的内容。

总体看，书中既有钢铁行业老领导、老专家、中国钢铁工业协会和企业领导的亲身体验和对未来发展的真知灼见，又有上下游行业协会表达的与钢铁携手奋进的美好愿景；既有展现钢铁行业庆祝新中国成立70周年座谈会盛况的图片集锦，又有像“70年钢铁画卷”等大量的历史珍贵影像，还有像“钢铁第一”“70年70瞬间”等大量的历史文字资料。可以说，这本书既对引领新时代钢铁行业高质量发展具有较强的指导意义，又有较高的史料价值。

“大国钢铁70年丛书”是强化新时期钢铁行业宣传工作体系建设的成果

为打造国内有威信、国际有影响的协会，中国钢铁工业协会2019年拟成立两个专业委员会，其中之一就是“中国钢铁工业协会宣传交流工作委员会”，旨在进一步强化新时期钢铁行业宣传工作体系建设，以满足钢铁行业日益增长的正面宣传需要。中国钢铁工业协会高度重视钢铁行业宣传工作，努力发挥好中国冶金报社和冶金工业出版社等行业媒体平台作用，宣传好党和国家方针政策，关注行业及企业热点、重点、难点问题。钢铁行业宣传工作方针可以概括为以下8个方面：贯彻执行中央战略部署，落实上级宣传部门工作指令，加强全行业宣传体系建设，组织和动员行业宣传力量，调动业内外各类宣传资源，维护和提升钢铁业的社会形象，正面引导公众认知，增强对公共政策制定的影响力。

创刊于1956年的《中国冶金报》是一张很有历史积淀的报纸，不论是作为原冶金工业部的机关报还是市场经济下的行业商报，《中国冶金报》都是党在钢铁行业的重要舆论阵地，也是中国钢铁工业发展历史的忠诚记录者。特别是党的十八大以来，中国冶金报社在中国钢铁工业协会的领导下，一方面持续深化改革，推进媒体融合发展，努力提高新闻舆论的传播力、引导力、影响力、公信力；一方面更加自觉地承担起新闻工作者的职责使命，坚持正确舆论导向，为营造钢铁行业健康发展的舆论环境做出了很大贡献。进入新时代，《中国冶金报》及旗下多媒体平台，既是主流媒体传播矩阵的重要组成部分，是做好意识形态领域工作的重要平台，是服务党和国家工作大局的重要力量，也是钢铁行业宣传工作体系的主要阵地，我们一定要将之利用好，支持他们在加强行业宣传中发挥作用、快速反应。中国钢铁工业协会代管单位有报纸、杂志，有网站，有出版社，在行业宣传中要发挥书、报、刊、网联动反应的作用，组合起来力量会更大。这次中国冶金报社和冶金工业出版社发挥各自优势联合出版的“大国钢铁70年丛书”，便是中国钢铁工业协会推动新时期钢铁行业宣传工作体系建设的成果。

2019年6月以来，中国钢铁工业协会开展了“不忘初心、牢记使命”主题教育，取得了很大的成效。我们都知道，中国共产党的初心和使命就是为中国人民谋幸福、为中华民族谋复兴。中国钢铁工业协会的初心和使命也很清晰，就是“致力于中国钢铁行业的健康发展和持续繁荣，为行业内钢铁企业的经营和发展创造良好条件”。加强钢铁行业舆论宣传工作，为钢铁业的健康发展和长期繁荣营造良好的舆论环境，是其中非常重要的一环。我们要把这次主题教育取得的成效汇聚成推动行业高质量发展的强大动力，大力弘扬钢铁精神，讲好钢铁故事，再创钢铁辉煌，为全面建成小康社会、实现中华民族伟大复兴贡献新的力量。

伟大事业，总是在不断奋进中腾飞；伟大征程，总是在不懈奋斗中接续。70 年来，我们所取得的辉煌成就，不是天上掉下来的，而是一代代钢铁人不断探索奋斗出来的。新时代，新钢铁，新辉煌。展望未来，初心如磐，使命催征。迈入壮阔的新时代，中国钢铁工业仍将滚石上山、爬坡过坎。我们要紧密团结在以习近平同志为核心的党中央周围，坚持新发展理念，以满足人民对美好生活的向往为己任，瞄准发展的短板持续发力，以钢铁般的意志接力奋斗、高歌前行，在实现“两个一百年”奋斗目标、实现中华民族伟大复兴的中国梦的征程上，再创属于中国钢铁工业的新辉煌！

中国钢铁工业协会党委书记

2020 年 6 月

目　录

第一章　怎样看待新中国钢铁工业的历史贡献和新时代的责任使命 …… 2

第一节　新中国钢铁工业的主要成就 …… 2
第二节　新中国钢铁工业的发展逻辑 …… 6
第三节　新时代、新钢铁、新征程 …… 11

第二章　怎样看待钢铁供给侧结构性改革的阶段性特点和新的突破口 …… 13

第一节　去产能，钢铁供给侧改革初战告捷 …… 13
第二节　船到中流，一篙松劲退千寻 …… 18
第三节　兼并重组，供给侧改革下一个突破口 …… 20

第三章　怎样看待新中国钢铁工业体系发展特点和调整优化的着力点 …… 26

第一节　回望足迹："全国一盘棋"奠定大国崛起的基石 …… 26
第二节　审视当下：旧的发展理念和增长方式已不可为继 …… 30
第三节　谋划未来：以构建钢铁产业生态圈为抓手促进提质升级 …… 31

第四章　怎样看待新中国钢铁工业科技创新成就和努力方向 …… 34

第一节　新中国钢铁工业科技创新的轨迹和特征 …… 34
第二节　新中国钢铁工业科技创新的成就和短板 …… 43
第三节　新时代中国钢铁工业未来科技创新的方向和着力点 …… 46

第五章　怎样看待新中国钢铁工业国际化发展成就和克难攻坚路径 …… 50

第一节　全球发展　新中国钢铁功不可没 …… 50

第二节　任重道远　新中国钢铁仍需创新进取 …… 56

第六章　怎样看待新中国钢铁工业绿色发展水平、难点和方向 …… 61

第一节　成果颇丰　绿色钢铁不负人民期待 …… 61
第二节　难点待破　绿色发展仍需长期努力 …… 68
第三节　协同推进　释放钢铁绿色潜能 …… 70

第七章　怎样看待新中国钢铁企业的管理变革历程，以及竞争优势的重塑 …… 73

第一节　以主人翁精神闯关夺隘，推动工业经济创新发展 …… 73
第二节　释放主体活力，钢铁企业四大转变前景可期 …… 79
第三节　提质升级，锻造世界一流企业 …… 82

第八章　怎样看待钢铁行业全面加强党的建设的作用和路径 …… 87

第一节　党旗高扬映征程　钢筋铁骨写辉煌 …… 87
第二节　党建融入添动力　铸“根”塑“魂”聚人心 …… 91
第三节　不忘初心担使命　继往开来再出发 …… 95

附录 …… 101

附录 1　钢铁行业全国两会部分代表、委员合影 …… 101
附录 2　钢铁行业庆祝新中国成立 70 周年座谈会现场 …… 102
附录 3　新中国钢铁 70 年画卷 …… 106
附录 4　中国钢铁企业绿色发展宣言 …… 146
附录 5　纪录片《中国钢铁——让世界更美好》解说词 …… 148

70年峥嵘岁月，丈量着我们追逐梦想的脚步。今天，站在70年这个重要时间节点，回首过去，展望未来，怎样看待新中国钢铁工业的历史贡献和新时代的职责使命？怎样看待钢铁行业供给侧结构性改革的阶段性特点和新的突破口？怎样看待钢铁工业体系发展特点和调整优化的着力点？怎样看待钢铁工业科技创新成就和努力方向？怎样看待钢铁工业国际化发展成就和克难攻坚路径？怎样看待钢铁工业绿色发展水平、难点和方向？怎样看待钢铁企业的管理变革历程，以及竞争优势的重塑？怎样看待钢铁行业全面加强党的建设的作用和路径？这些都是我们继往开来，实现钢铁强国这个几代钢铁人的中国梦所要认真回答的问题。为此，《中国冶金报》及官方微信、中国钢铁新闻网等媒体平台，陆续刊发中国钢铁工业协会党委书记何文波的署名文章，围绕这“八个怎样看待”提出观点意见，率先作答。同时，也欢迎业内外人士积极参与，共同探讨钢铁工业高质量发展之道。新时代，新钢铁，新征程！携着70年的辉煌，让我们不忘初心、牢记使命，在习近平新时代中国特色社会主义思想指引下，接续奋斗，向着钢铁强国的理想，向着“两个一百年”奋斗目标，砥砺前行。

第一章　怎样看待新中国钢铁工业的历史贡献和新时代的责任使命

扫码听书

2019年是新中国成立70周年。70年来，钢铁工业在党的领导下筚路蓝缕，砥砺前行，奠定了中华民族强国富民的钢铁基础。历史波澜壮阔，成就举世瞩目。站在70年这个重要历史节点，回首过去，中国钢铁人可以自豪地说，我们完成了中国人民在从站起来到富起来的进程中交给我们的历史使命。展望未来，我们还有新的使命、新的作为。我们初心不改，将为满足强起来的中国人民日益增长的美好生活需要做出更大的贡献。

第一节　新中国钢铁工业的主要成就

毛主席曾说过："一个粮食，一个钢铁，有了这两个东西就什么都好办了。"70年来，新中国从小到大、从弱到强，为了有效满足国民经济建设对钢铁材料的需求，以孟泰、马万水、曾乐、刘汉章、李双良、郭明义、李超、河钢塞钢管理团队等钢铁楷模为代表的几代钢铁人，艰苦奋斗，探索创新，铸就了钢铁工业的辉煌，有力地支撑了国民经济主要用钢行业竞争力的迅速提高。中国积贫积弱的时代，在我们的努力下，一去不复返了。这是新中国钢铁工业最大的历史性成就。

一是从缺铁少钢到全球产量第一，新中国钢铁建立起全世界规模最大的现代化钢铁生产体系。1949年，中国钢产量只有15.8万吨。1996年，中国钢产量突破1亿吨，仅用47年就成为全球第一产钢大国，至今连续23年稳居全球钢铁生产和消费第一位，创造了世界钢铁发展史上的奇迹。在国民经济高速增长的拉动下，中国钢产量于2003年突破2亿吨，2005年突破3亿吨，2006年突破4亿吨，2008年突破5亿吨，2010年突破6亿吨，2012年突破7

1954 年第 5 期《人民画报》封面上，新中国第一代全国劳动模范孟泰和技术员检查大修后高炉的场景（中国冶金报社提供）

亿吨，2013 年突破 8 亿吨，2018 年达到 9.28 亿吨，占世界钢产量的半壁江山，彻底结束了中国钢铁供不应求的历史。

二是从依靠进口到迈向中高端，中国钢铁产品品种不断扩大，质量不断提升，实现了国家工业化、现代化所需钢材的自给自足，促进了民生改善和社会发展。新中国成立初期，我国只能冶炼 100 多个钢种，轧制 400 多个品种规格的钢材。到 1978 年，我国 1/3 的外汇都用来进口钢材。2006 年，我国实现了历史性的转折，钢材钢坯折合粗钢净出口 3463 万吨，成为钢材净出口

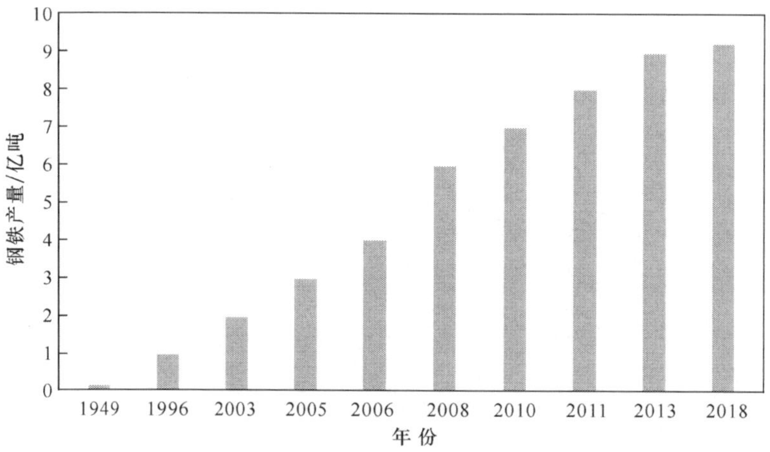

扫码看趋势

1949~2018 年我国钢铁产量变化图（中国冶金报社提供）

国。如今，钢铁工业可以满足国民经济发展所需绝大部分钢材需求，我们每年进口的钢材不到消费量的 2%，其中大部分进口钢材也并不是国内不能生产。同时，高强度高性能钢材生产和应用比例不断提高，满足了下游用钢行业技术进步和产业升级换代的发展要求。以百万千瓦级核电用钢、超超临界火电机组用钢等为代表的高端装备用钢已实现产业化；重点大中型钢铁企业Ⅲ级（400 兆帕）及以上高强钢筋生产比例超过 95%；高强船板产量大幅提高，约占船板产量的 50%；电工钢板、冷轧卷板、镀锌板等高端产品逐步替代进口。

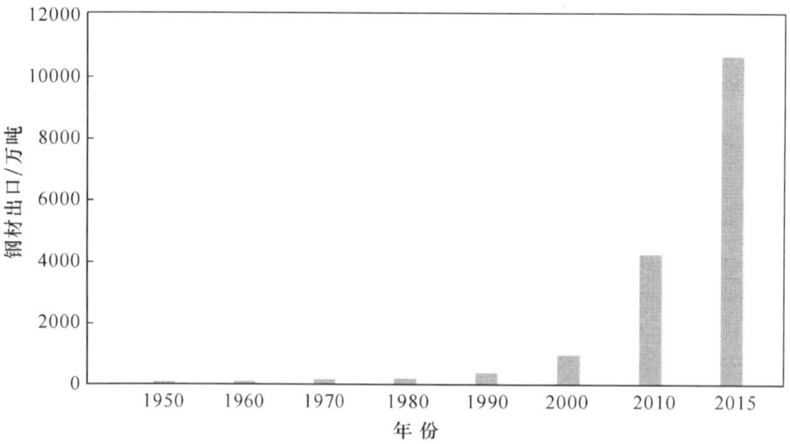

扫码看趋势

70 年来中国钢材出口数量变化图（中国冶金报社提供）

三是从引进、吸收、创新，到集成创新、自主创新，中国钢铁技术装备总体达到国际先进水平，跻身世界钢铁工业设计和设备制造、施工建设综合能力最强国家行列。1949 年，我国修复后勉强能够进行生产的 7 座高炉、12 座平炉、22 座小电炉，如今已被 256 家规范企业（工信部公告）的 425 座 1000 立方米及以上高炉（其中，3000 立方米级 22 座，4000 立方米级 16 座，5000 立方米以上 7 座），403 座 100 吨及以上转炉（其中，300 吨及以上 14 座），995 台连铸机，619 套棒线材轧机，71 套热轧宽带钢轧机所取代。大高炉、转炉技术实现了对韩国、日本、美国等几十个国家的出口，自主设计和建设的鞍钢鲅鱼圈、首钢京唐、宝钢湛江和山钢日照钢铁基地已在大海之滨拔地而起，标志着我国钢铁工业自主设计、制造、工程建设和掌握运用新技术达到了一个新高度。

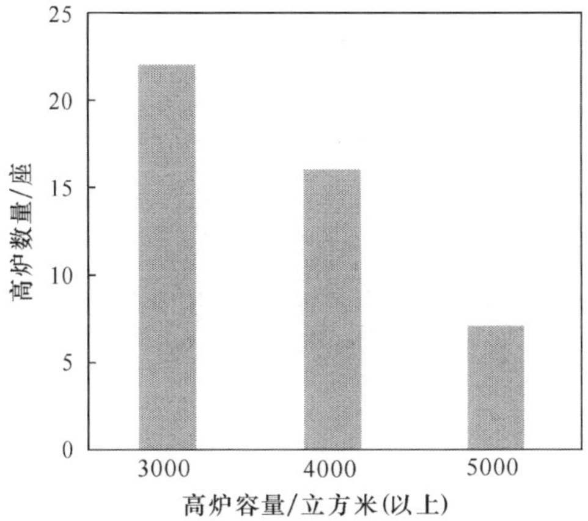

我国 256 家规范钢企大型高炉数量分布图（中国冶金报社提供）

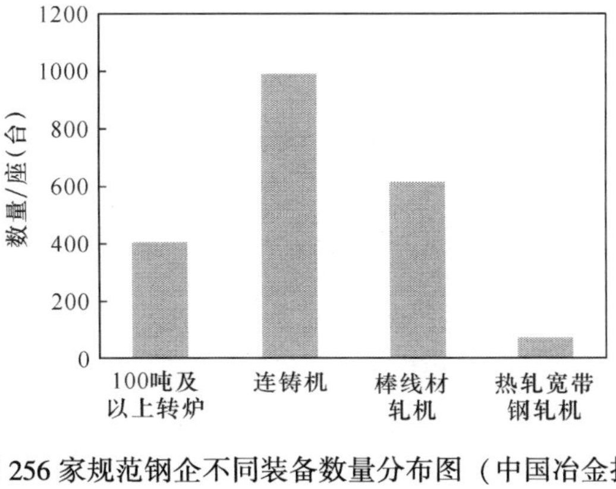

我国 256 家规范钢企不同装备数量分布图（中国冶金报社提供）

1949年7月1日，朱德总司令在石景山钢铁厂（首钢的前身）的开工大会上说："多炼一吨铁，就是给国家多增加一份家当。革命的家当越多越好。"今天，我们的"革命的家当"不仅多了，而且质量越来越好，技术越来越先进。从这个意义上来看，中国钢铁工业是当之无愧的国之桢干。

第二节　新中国钢铁工业的发展逻辑

新中国钢铁工业在战争废墟上艰苦创业，既有顺利发展的机遇，也有探索前进的挑战；有过3年"大跃进"全民大炼钢铁的沉痛教训，也遭遇过10年"文化大革命"的严重挫折，更有改革开放40年来的激流勇进，奋楫争先。一路行来，什么是钢铁工业70年来最大的发展逻辑？一句话，是对初心的坚守，对使命的担当。

首先，建设钢铁强国，满足人民的期待，是我们70年奋斗不辍的内在动力。1956年，党的八大报告指出："我们国内的主要矛盾，已经是人民对于建立先进的工业国的要求同落后的农业国的现实之间的矛盾，已经是人民对于经济文化迅速发展的需要同当前经济文化不能满足人民需要的状况之间的矛盾。"1981年党的十一届六中全会将之规范表述为："我国社会的主要矛盾是人民日益增长的物质文化需要同落后的社会生产之间的矛盾。"风雨兼程，大国崛起。到2017年，党的十九大宣示，我国社会主要矛盾已经转化为人民日益增长的美好生活需要和不平衡不充分的发展之间的矛盾。响应人民期待，紧紧围绕解决社会主要矛盾发展生产力，是贯穿钢铁工业70年发展的红线。在物质极大匮乏、家贫国弱的时代，一年又一年的"夺钢大战""大跃进"时的全民大炼钢铁，既留下了违背经济规律的沉痛教训，也体现了全国人民对钢铁的强烈渴望。改革开放，是决定当代中国命运的关键一招，极大解放和发展了钢铁工业的生产力。1996年中国钢产量首破1亿吨时，《人民日报》发表了"亿吨钢铁壮国威"的评论文章，热情洋溢地写道："人们不应忘记北洋水师官兵们望着外敌的船坚炮利仰天悲啸，不应忘记偌大的中国没有一根自己生产的钢轨而备受奚落嘲讽。1亿吨钢意味着什么？……巨轮下海，飞弹上天，公路如织，大厦成群……我们可以从国民经济和社会发展的方方面面看到它庞大而坚硬的骨架。"

亿吨钢铁壮国威

聚焦在时代的主题上

李岚清会见丹麦客人

「沙头角模范中队」命名大会举行

《人民日报》发表的“亿吨钢铁壮国威”（中国冶金报社提供）

一代人有一代人的使命。经济的增长、社会的进步，带来社会主要矛盾的渐进演变。完成了经济高速增长阶段历史使命的钢铁工业，以壮士断腕的勇气贯彻落实党中央提出的供给侧结构性改革任务，化解过剩产能，推进绿色发展、创新发展、国际化发展，为满足人民对美好生活的向往，做出了新的贡献。

其次，勇于担当使命，勇于自我革命，勇于探索创新，是钢铁工业 70 年来屡创辉煌的法宝。从“两参一改三结合”的鞍钢宪法，到“上缴利润递增包干”的首钢承包制、“高起点、少投入、快产出、高效益”的鞍钢老企业技术改造之路，再到“走质量效益型道路”的武钢发展战略、“模拟市场核算，实行成本否决”的邯钢经验、宝钢现代化企业管理经验等一大批闻名全国的管理创新经验；从 1979 年重钢职工自销钢材迈出走向市场的第一步，到河钢集团“全球拥有资源、全球拥有市场、全球拥有客户”的国际化发展实践……从计划经济到社会主义市场经济，中国钢铁人面对不同历史阶段发展中的难题不等不靠，锐意进取，闯关夺隘，气贯长虹，引领了工业经济的发展。

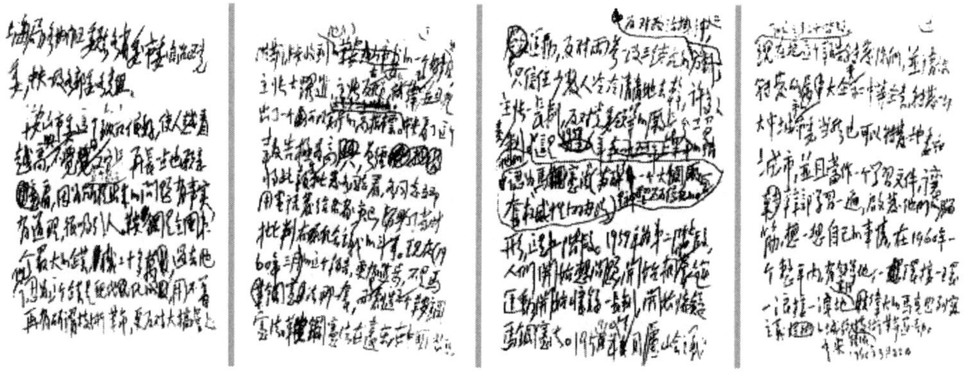

毛主席关于“鞍钢宪法”批示的手稿影印件（中国冶金报社提供）

1987年8月，首钢承包制理论与实践研讨会（中国冶金报社提供）

当然，勇于担当使命，勇于自我革命，勇于探索创新，意味着我们要经受一系列否定之否定的阵痛，应对一次又一次再出发的艰巨挑战，非自强不息、艰苦奋斗不能成功。“艰难困苦，玉汝于成”。这是事业发展的必然规律，也是我们决胜未来的法宝。

钢铁工业70年的发展历程，让我们这一代钢铁人今天想来仍感慨良多。

人民日报

RENMIN RIBAO

第15565期（代号1—1）

1991年2月

20

星期三

辛未年正月初六

北京地区天气预报

白天 晴

风向 偏北

风力 三、四级 转五、六级

夜间 晴

风向 北

风力 五、六级

温度 最高 1℃

最低 −8℃

人民日报社出版

国务院办公厅发出通知号召

学武钢走质量效益型道路

4条主要经验值得各地借鉴

新华社北京2月19日电 国务院办公厅日前发出通知，号召学习武汉钢铁公司走"质量效益型"企业发展道路的经验，努力提高管理水平，把我国产品质量的总体水平，提高到一个新的高度。

国务院办公厅在转发国家技术监督局、中国质量管理协会关于在全国开展学习武钢走"质量效益型"企业发展道路的报告的通知中指出，长期以来，产品质量低、物质消耗高、经济效益差已经成为制约我国国民经济发展的一个突出问题。切实加强管理，提高产品质量，坚持质量第一，是党和政府一贯的方针，是发展我国经济的健康之路。武钢依靠广大职工，十年来紧紧围绕发展品种，提高质量，加强各项基础工作，坚持科技进步，强化以质量为中心的经营管理，走出了一条投入少、产出多、经济效益高的质量效益型的发展路子，为国家做出了突出的贡献。推广武汉钢铁公司的经验，对于提高各级领导的质量意识，引导广大工业企业端正经营方向，正确处理质量、数量、效益的关系，保证国民经济长期持续、稳定、协调发展具有深远的意义。

国家技术监督局和中国质量管理协会认为，武钢走"质量效益型"企业发展道路的主要经验有四条：

一、把抓产品质量和服务质量提高到坚持社会主义方向的高度来认识，强调"重合同、讲效益、保质量、做贡献"，连续六年按质、按量、按期完成合同，坚持向质量要效益，以高质量的产品和高质量的售后服务在用户中树立了良好的信誉。

二、建立以质量为中心的经营管理战略和质量为核心的生产经营管理体系，把全面质量管理作为企业管理的中心环节，把产品从原料进厂到成品出厂全过程的所有相关工序、相关部门有机地组织起来，形成了一个责权分明、互相协调的有机整体，使影响产品质量、服务质量的各个因素都处于受控状态。

三、围绕质量不断进行技术开发和技术进步，把质量管理工作落实在实物质量的提高上。在技术改造中以提高质量为目标，积极采用新技术、新工艺，开发具有国际水平的新产品。抓质量方面先从抓降低废品率做起，继而采用国际标准和国际先进标准，后又瞄准国际同类产品实物水平进行追赶。现在武钢生产的硅钢片、汽车板、造船板等17个重点产品实物质量优于或接近先进国家的水平。

四、创建"质量优先"的企业精神，大力提高职工素质，创建以"质量彻底优先"为主要特征的企业文化，使全体职工有强烈的质量意识，采取了各种教育的、激励的措施，提高职工的质量意识，使之成为职工的价值观和行为准则。

国家技术监督局和中国质量管理协会认为，武钢的经验反映了我国企业生产经营的方向，具有普遍意义。学习借鉴武钢的经验，对企业由速度效益型向质量效益型转变将起到积极的作用。

《人民日报》刊登文章"学武钢走质量效益型道路"（中国冶金报社提供）

70 年守初心担使命，我们满足了国民经济发展对钢铁材料的需求，航母下海，飞船上天，高铁驶向世界各地，迈向富强的国家和人民日益走近世界舞台的中央。这是对新中国钢铁工业最高的褒奖。

1996 年，全国学习推广邯钢经验暨企业管理工作会议在邯钢召开（中国冶金报社提供）

2017 年 4 月 26 日，我国首艘自行研制的航空母舰下水仪式在中国船舶重工集团公司大连造船厂举行。早在 2013 年 8 月，鞍钢就完成了建造首艘国产航母所需的甲板钢、球扁钢等关键型号钢材的生产工作，为国产航母建造提供了 70%的航母专用钢材（中国冶金报社提供）

第三节　新时代、新钢铁、新征程

党的十九大指出，中国特色社会主义进入了新时代，这是我国发展新的历史方位。新时代呼唤新钢铁。作为国民经济的重要支柱产业，钢铁工业仍将在现代工业体系中具有基础地位，在高质量发展中具有支柱地位，在生态文明建设中具有重要地位。这样的地位，决定着我们一定要树立起经济高质量发展的参与者、建设者、引领者的新的角色自觉，承担新使命、踏上新征程。

（中国冶金报社提供）

所谓新钢铁的新使命，就是要继续抱定建成钢铁强国、满足人民对美好生活的向往的初心，在坚持发展这一第一要务的基础上，着力解决好发展不平衡不充分的问题，率先实现既大又强的钢铁现代化，支撑我国“两个一百年”目标的实现。所谓新钢铁的新征程，就是要继续以自我革命的精神、以改革创新的精神，坚守初心，勇担使命，抓住制约发展的关键问题，真抓实干，迎难而上；就是要把提高供给体系质量作为主攻方向，把绿色低碳和环保安全作为首要责任，加快新旧动能转换，着力化解过剩产能，努力建成创新型、国际化、低碳绿色、可持续运营的现代钢铁工业，迈向全球价值链中高端。邓小平同志曾经说过："发展起来以后的问题不比不发展时少。"审视今天的钢铁工业，我们还有不少难题待解。比如，短缺经济时代形成的粗放发展理念和增长方式还没有被彻底摒弃，创新、协调、绿色、开放、共享的新的发展理念还没有深入到我们的思想和行动中；深化供给侧结构性改革任重道远，提高产业集中度、建设现代市场体系、完善现代企业制度等一系列改革、调整都有待进一步深化；创新驱动发展战略尚未完全落地，钢铁工业还没有真正摆脱关键、核心技术追随者的角色，一些钢材产品在品种、质量、服务等方面还缺乏国际竞争力；我们参与和引领国际经济合作竞争的新优势还有待进一步培育，大国钢铁的品牌意识、责任意识需要进一步增强，互利共赢的全球钢铁产业链还没有建立起来；绿色发展理念还没有内化为企业生存发展的本质需要，钢铁企业间的节能环保水平还参差不齐，区域钢铁总量与环境容量、承载能力的矛盾仍然突出……解决这些问题，仍然需要我们滚石上山、爬坡过坎，拿出我们走过 70 年辉煌历程的勇气和担当，接力奋斗，克难制胜。初心不改，使命催征。守初心、担使命，是钢铁工业辉煌 70 年的发展逻辑，也是我们继续前进的不竭动力。进入新时代，站上新起点，钢铁工业仍将逢山开路、遇水架桥，不断开创转型升级和高质量发展的新境界，为实现"两个一百年"奋斗目标，为实现中华民族伟大复兴的中国梦，挺直钢铁的脊梁。

第二章　怎样看待钢铁供给侧结构性改革的阶段性特点和新的突破口

扫码听书

2016~2018 年，作为供给侧结构性改革的先行者，我国钢铁工业以壮士断腕的勇气和决心，仅用 3 年时间就压减过剩产能 1.5 亿吨以上，全面出清 1.4 亿吨“地条钢”，提前两年完成了“十三五”期间压减过剩产能的目标任务。但是，提高供给体系质量不可能毕其功于一役，接下来的改革任务可能更加艰巨。因此，我们要厘清当前供给侧结构性改革的阶段性特点，总结经验，选准下一个改革突破口，持续发力，久久为功。

高炉远眺（中国冶金报社提供）

第一节　去产能，钢铁供给侧改革初战告捷

2014 年开始，随着我国经济进入新常态，在经济高速增长期潜藏着的各

类深层次问题开始爆发，钢铁工业产能严重过剩的问题浮出水面。2015 年 11 月，习近平总书记在中央财经工作领导小组第十一次会议上强调，要着力加强供给侧结构性改革。2015 年 12 月召开的中央经济工作会议提出，2016 年经济社会发展主要是抓好去产能、去库存、去杠杆、降成本、补短板五大任务。

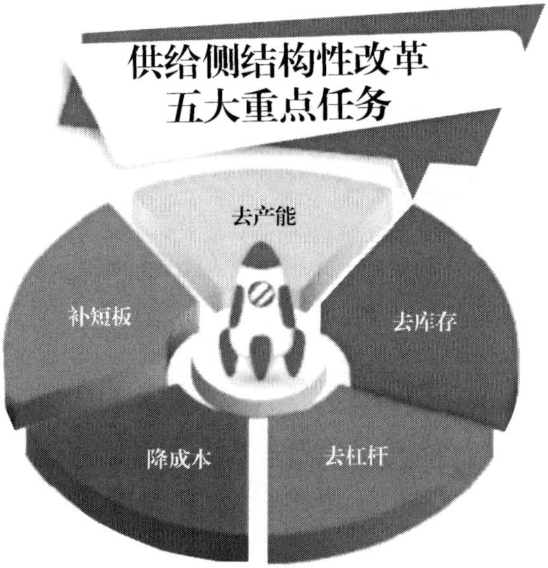

（中国冶金报社提供）

2016 年，《国务院关于钢铁行业化解过剩产能实现脱困发展的意见》（国发〔2016〕6 号）发布，明确提出 5 年内要化解钢铁过剩产能 1 亿～1.5 亿吨。随后，彻底取缔“地条钢”的大限日，被定格在 2017 年 6 月 30 日。

就这样，3 年间，中国钢铁行业迎难而上，坚决去、主动调、加快转，超额完成了 5 年任务，实现了约 50 万名职工的平稳分流安置，行业面貌焕然一新。

回首这段历程，中国钢铁工业既取得了举世瞩目的成就，也收获了一系列足以用来继续克难攻坚的宝贵经验。

首先，在没有成功先例可循的情况下办成了多年来想办而没有办成的事，得益于从中央到地方、从行业到企业统一思想、步调一致所形成的强大合力。

（中国冶金报社提供）

以彻底铲除“地条钢”“毒瘤”为例。早在2002年，国家有关部门即界定了“地条钢”“不能有效地进行成分和质量控制”的属性。但是，因为错综复杂的利益纠葛，这颗“毒瘤”越长越大。这一次，由25个成员单位组成的钢铁煤炭行业化解过剩产能和脱困发展工作部际联席会议，统一部署，逐级压实责任，建立举报监督机制，通过典型案例查处，问责相关责任人，五轮督查，逐步统一思想认识，上下一心除恶务尽，才最终突破了利益的藩篱。

2017年，辽宁省某“地条钢”企业操作平台拆除干净现场（中国冶金报社提供）

2018 年，由国务院国资委、国家市场监督管理总局、国家统计局、中国钢铁工业协会等多部门组队的钢铁行业化解过剩产能、防范“地条钢”死灰复燃专项抽查第八抽查组深入四川省成都市、攀枝花市等 11 个市（州），对 22 家企业进行了实地抽查。图为被抽查的企业里已经打上封条的风机和电机等设备（中国冶金报社提供）

其次，部际联席会议瞄准问题，靶向施策，创造出一套解决全局性复杂问题的行之有效的方法。1999 年、2003 年、2004 年、2006 年，国家曾经几次出手对钢铁产量进行调控，但钢铁产能和产量仍然高歌猛进。分析其原因，有经济高速增长的拉动，有粗放发展理念和增长方式的推动，也有宏观调控尚待进一步加强和改善的问题。这一次，在《国务院关于钢铁行业化解过剩产能实现脱困发展的意见》发布后，又配套出台了 8 个涉及奖补资金、财税、金融、国土、环保、职工安置、安全、质量方面的支持文件，覆盖了去产能过程中可能出现的方方面面的问题。周密部署、雷霆出击，保证了各项政策措施的落地实施。

再次，强化采用市场化、法制化压减过剩产能。经过企业、协会、各级政府部门的反复研究，吸收以往控产量的教训，最终确定了“去产能，产量由市场决定”的调控方案，以压减“僵尸企业”和落后、无效产能为重点，而钢铁产量由市场供需调节，既淘汰了过剩产能又保证了市场有效供应，避免了钢材价格大幅上涨影响产业链的平稳运行。

最后，广大钢铁企业站位国家战略，主动作为，经历了新发展理念的洗

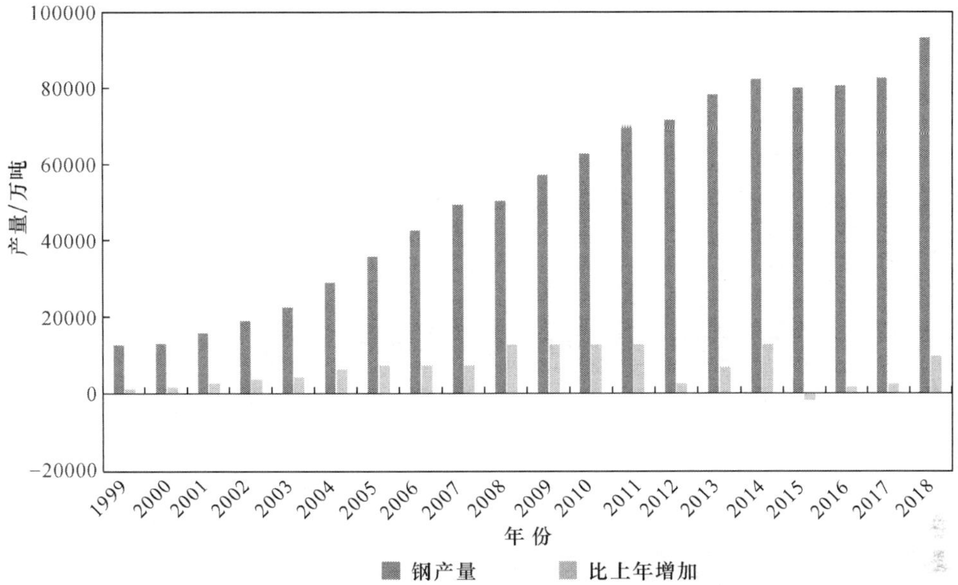

1999~2018 年钢产量情况（中国冶金报社提供）

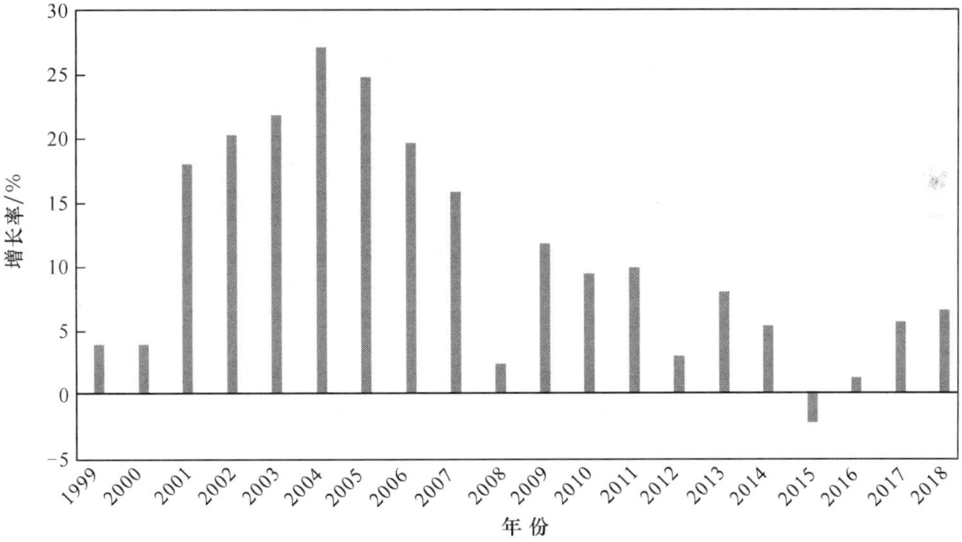

1999~2018 年钢产量增长率（中国冶金报社提供）

礼，探索出一系列新的转型发展经验。几年来，钢铁行业既有首钢、杭钢转型升级的成功经验，也有宝武、鞍钢、河钢、太钢等一批优秀企业创新发展、绿色发展、国际化发展的卓越实践，从而增强了我们面向未来的信心。

一代人有一代人的使命。新中国成立以来，我们在自强、奋斗中实现了从缺铁少钢到建成全球最大、最完整钢铁工业体系的历史性跨越。改革开放40年，我们在探索、创新中实现了从计划经济到市场经济的华丽转身。今天，我们要在深入推进供给侧结构性改革的进程中，锤炼初心，勇担使命，向着钢铁强国的目标大步进发。

第二节　船到中流，一篙松劲退千寻

党的十九大指出，我国经济进入高质量发展阶段，必须以供给侧结构性改革为主线。这意味着新时代的供给侧结构性改革已被赋予新的使命，需要继续深化推进。

2018年12月召开的中央经济工作会议指出，坚持以供给侧结构性改革为主线，要在“巩固、增强、提升、畅通”8个字上下功夫。这也明确了钢铁行业深化供给侧结构性改革的新的任务，即：要在巩固化解过剩产能成果的基础上，继续完成“三去一降一补”任务；要持续深化改革，健全市场化经营机制，积极稳妥推进混合所有制改革，增强企业主体活力；要围绕提升产业链水平，通过推进兼并重组提高产业集中度，进一步优化产业布局和产业组织形态，培育世界级钢铁产业集群，促进钢铁工业迈向全球价值链中高端；要抓住“畅通国民经济循环”的机遇，积极参与、主动创新，提高产融结合水平，并在发挥中国钢铁全球最大最完整产业体系优势的基础上，加强钢铁和各相关产业、各要素的协同创新，更优配置资源，全面转入高质量发展轨道。

行百里者半九十。一方面，深化供给侧结构性改革的任务十分紧迫；另一方面，一段时间以来，受钢材价格回升、行业效益好转的影响，以各种名义新增冶炼能力、在产能减量置换过程中搞“数字游戏”等违法违规新增产能的冲动，以及“地条钢”死灰复燃的风险都在加大，片面追求量的扩张和注重质量效益两种新旧发展理念的博弈呈胶着态势。种种迹象表明，钢铁行业供给侧结构性改革进入到“船到中流，一篙松劲退千寻”的关键阶段，必奋楫才能冲出急浪险滩。

（中国冶金报社提供）

一、严防违法违规新增产能和“地条钢”死灰复燃

2019年初以来，快速增长的产量时刻在提醒我们，一定要将习近平总书记在视察张家口时的重要讲话精神落到实处，“确保落后产能应去尽去、‘僵尸企业’应退尽退，决不允许出现弄虚作假行为，决不允许已化解的过剩产能死灰复燃，决不允许对落后产能搞等量置换，决不允许违法违规建设新项目”。否则，将前功尽弃。

（中国冶金报社提供）

二、我们要坚定不移落实新发展理念，切实把提高供给体系质量作为主攻方向

当前，进入“深水区”的改革将触及更多更深层次的利益关系，加之新旧理念碰撞，新旧动能转换，完成深化供给侧结构性改革的任务将更加艰巨。当前最值得警惕的，是个别地方、个别企业自觉或不自觉地把旧的发展理念嫁接到深化供给侧结构性改革的各项任务中的现象。因为，这很可能催生新的“难啃的骨头”，并将严重影响供给侧结构性改革的进程，影响高质量发展的进程。船到中流，我们比以往任何时候都更加需要把思想统一到中央精神上来，运用3年去产能的成功经验，坚持不懈地瞄准制约行业发展的关键问题发力，切实提高供给质量。

第三节　兼并重组，供给侧改革下一个突破口

长期以来，结构分散、产业集中度低的问题，导致钢铁行业在上下游议价、化解过剩产能、市场有序竞争、行业平稳运行、产业布局调整、技术研发创新、环保节能降耗等方面，既缺乏掌控能力，又缺乏自律能力，是制约钢铁行业健康发展的关键性问题。解决这个问题，具有牵一发而动全身的突破口意义。

多年来，为促进企业兼并重组，国家先后出台了多个文件，但是执行效果并不理想。《钢铁工业“十二五”发展规划》明确提出，2015年，国内排名前10位的钢铁企业集团钢产量占全国总量的比例（CR10）要提高到60%左右。但是，钢铁行业CR10从2010年的48.6%，逐年下滑至2015年的34.2%。2016年，中国宝武钢铁集团的成立，使CR10回升到35.9%；2018年，钢铁行业CR10又下降到35.3%。

造成集中度指标长期低位徘徊的原因很多，包括政策法规不完善、体制机制不健全、企业的隶属关系和产权关系不同、地方政府执行力欠缺、融资渠道受限、部分已重组企业资源和业务整合效果不理想等。推进兼并重组，特别是跨区域、跨产业、跨所有制重组，需要突破的难点更多。

“惟其艰难，方显勇毅；惟其磨砺，始得玉成”。对于又一项我们长期想

（中国冶金报社提供）

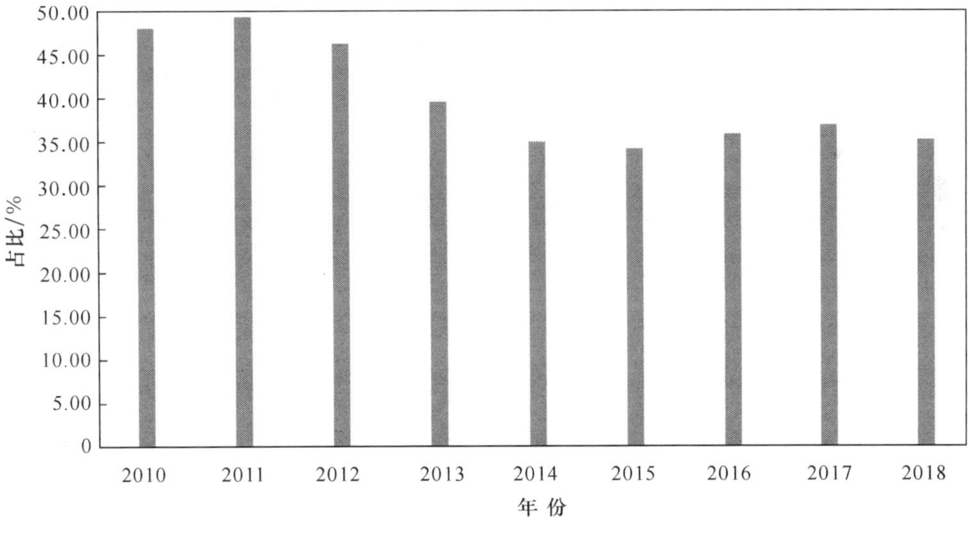

2010~2018 年钢铁行业集中度（CR10）（中国冶金报社提供）

做还未能完全做好的工作，正需要中流奋楫，集中力量再打一次大战役，取得供给侧结构性改革的新突破。

首先，应该看到，通过兼并重组提高产业集中度的时机已经到来，不可错失。

党的十八届三中全会拉开了混合所有制改革的大幕，势必有助于打通跨所有制企业重组的各方面壁垒。2019 年，国家发展改革委等 3 部门发布钢铁行业化解过剩产能工作要点，提出积极稳妥推进企业兼并重组，积极推动钢铁行业战略性重大兼并重组。同时，国家正在深化财税体制改革，建立事权和支出责任相匹配的制度。长期以来制约企业跨区域重组的地方利益分配关系和体制机制障碍也有望被破除。

（中国冶金报社提供）

此外，经济增长速度的“换挡”，使越来越多的企业认识到，过去各自为战、激烈竞争的路数已经走到了尽头，主观上通过兼并重组避免无序竞争、实现优势互补、追求可持续健康发展的意愿越来越强。

外部环境倒逼，企业主动配合，国家政策鼓励，正是我们推进兼并重组的难得机遇。时来易失，赴机在速！

其次，推进兼并重组，政府要加强顶层设计，充分引导；钢铁企业也要积极作为，实践创新。

推进兼并重组要坚持原点思维，始终向着提高产业集中度、提高钢铁行业和企业的国际竞争力这个目标前行。任何形式的以扩大产能为目的的重组、为规避监管而进行的重组，都是难以走远的。

结合行业实际和相关政策要求，钢铁行业推进兼并重组的方向主要有 3 个：一是龙头联合，形成 8000 万吨级巨型钢铁集团。二是区域联合，整合区域内钢铁企业，提升企业在区域内的影响力，发挥协同效应。三是优势互补，推动具有优势的企业间联合，实现资源技术共享与优势互补。

推动企业兼并重组向着既定的方向发展，政府的“手”和市场的“手”一定要同时发挥作用。从公正监管的角度看，对优秀钢铁企业的跨地区市场化重组，应给予坚决的支持，尤其要鼓励其在重组过程中优化布局、削减产能。

中国钢铁企业则要继续发扬在70年的砥砺奋进中熔铸出来的勇于担当使命、勇于自我革命、勇于探索创新的精神，充分发挥主体作用，先行先试，主动破冰。

可喜的是，钢铁行业新一轮兼并重组已经有了不错的开局。中国宝武钢铁集团有限公司的产量规模已位列全球第二，随着马钢集团51%股权的无偿划转，一家亿吨级世界钢铁集团已近在咫尺。

（中国冶金报社提供）

同时，钢铁行业产生了沙钢集团入主东北特钢、建龙集团重整北满特钢、德龙重整渤海钢铁等混合所有制改革实践，产生了四源合基金重整重钢等以资本为纽带的并购重组案例。我们相信，新一轮多点开花、更具创新性的重组，将成为钢铁行业深化供给侧结构性改革的令人鼓舞的看点。

船到中流，不进则退。中国钢铁行业一定要保持定力，坚定信心，在巩固既有成果的同时，压茬推进各项任务，并力向前，解答好深化供给侧结构性改革、实现高质量发展这道新时代的钢铁命题。

2018 年，建龙集团入主北满特钢不到一年时间后，企业月钢入库量、钢材入库量实现了高速增长，实现扭亏为盈（中国冶金报社提供）

2017 年 8 月 8 日，工作人员在东北特钢等三家公司重整案第二次债权人会议现场收集债权人投票（中国冶金报社提供）

四源合钢铁产业结构调整基金四方发起股东代表分别在框架协议上签字

（中国冶金报社提供）

第三章　怎样看待新中国钢铁工业体系发展特点和调整优化的着力点

扫码听书

新中国成立 70 年来，我国建成了全球产业链最大、最完整的钢铁工业体系，用世界最大的钢产量、总体达国际先进水平的装备技术、持续改善的品种质量，有力支撑了国民经济的腾飞。进入新时代，怎样对钢铁工业体系进行优化调整，提质升级，成为摆在中国钢铁人面前的又一道重要课题。

钢铁工业体系的优化调整，既涉及钢铁工业生产力布局的调整，又涉及整个钢铁产业链组织形态的优化，还涉及技术、资本、人力等要素的投入，以及国家和地方政策、服务、文化等环境因素的改善，是一篇系统性极强的“大文章”。做好这篇“大文章”，“笔法”可以千变万化，但主题必须符合党的十九大提出的深化供给侧结构性改革、实现高质量发展的各项要求。这就需要我们准确把握钢铁工业体系发展过程中的经验和教训、优势和短板，站在新的历史方位探寻新一轮调整优化的着力点。

第一节　回望足迹：“全国一盘棋”奠定大国崛起的基石

曾经，社会上对“大而全”的钢铁工业体系颇有质疑，认为它“大”而“不强”，“全”而“效率低下”。当然，提高资源配置效率、实现钢铁工业体系的“既大又强”，是我们新一轮调整优化的题中之义。但是，在全球化受到空前挑战的当下，我们一定要认识到，工业体系的完整性也代表着一种抗风险能力。

一、建立“大而全”的钢铁工业体系是新中国奠基和崛起的必然要求

新中国成立之初，在全国没收官僚资本的 30 多家钢铁企业中，职工不到 8 万人；装备数量少，规模小，技术落后；全国矿产资源家底不清，矿产品奇

缺。在如此薄弱的基础上白手起家，只能从组织队伍、开发矿业、修造装备等生产力的基本要素入手，在支持一批老企业恢复生产的同时，全面推进钢铁产业链各环节的生产力建设。

在1949~1978年的这30年里，从“一五”计划期间苏联援建8个钢铁项目（新建武钢、包钢、北满钢厂、吉林铁合金厂、吉林炭素厂、热河钒钛厂，改扩建鞍钢和本钢等），到“二五”计划期间冶金工业部提出建设“三大、五中、十八小”战略部署（续建鞍钢、武钢、包钢3个大型钢铁基地，扩建、新建太钢、重钢、马钢、石景山钢铁厂、湘钢5个中型钢铁企业，新建邯钢、济钢、临钢、新钢、南钢、柳钢、广钢、三明钢厂、合钢、长城特钢、新疆八一钢厂、杭钢、鄂钢、涟钢、安钢、兰钢、贵钢、通钢等18个小型钢厂），再到1964年开始的“三线建设”（新建攀钢、长城特钢、水钢等钢厂，恢复建设酒钢、兰钢、略钢，扩建成都无缝钢管厂、重钢、昆钢、贵钢等钢厂），钢铁工业掀起了三次建设高潮，初步建立起了包括采矿、选矿、烧结、炼铁、炼钢、轧钢、焦化、耐火材料、铁合金、炭素等比较完整的要素结构，地质勘探、工程设计、建设施工、设备修造、科学研究、冶金教育等比较齐全的行业门类，以大型企业为骨干、“大中小”相结合、具有3500万吨钢生产能力的新中国钢铁工业体系。

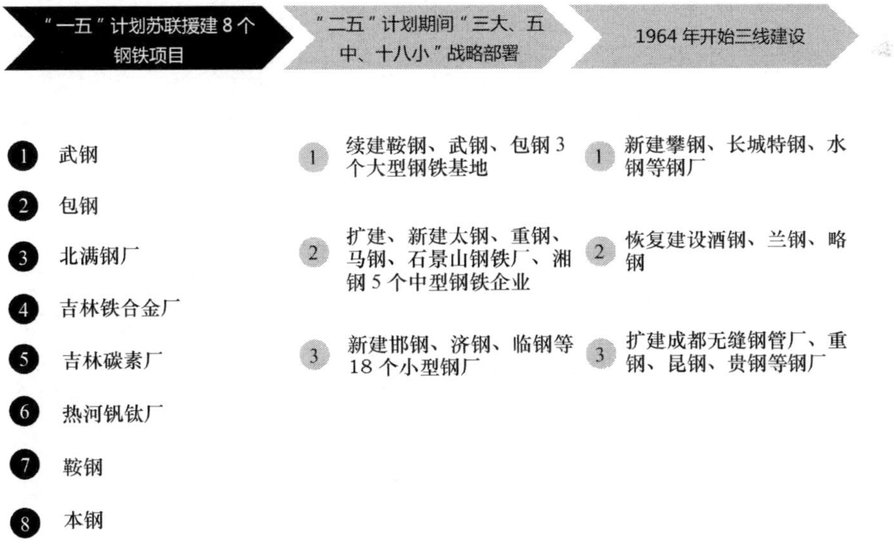

我国钢铁工业的三次建设高潮（中国冶金报社提供）

1955 年 1 月，中国在莫斯科接收了苏联承担的武钢设计方案。图为武钢 1 号高炉开工典礼现场（中国冶金报社提供）

1978 年开始的改革开放，极大解放了中国钢铁工业的生产力。随着钢铁产业规模的不断扩大，原先内陆资源型布局潜藏的原燃料成本高、交通不便、远离出海口等弊端开始显露出来。在产业政策的引导下，钢铁工业建设了鞍钢鲅鱼圈、首钢曹妃甸、山钢日照、宝钢湛江、广西防城港等沿海钢铁生产基地，开始了从资源型转为临海靠港型、临近市场型的布局优化调整。同时，相关产业快速发展，一些上下游企业和科技、人力等要素向部分产钢大省集聚，形成了庞大的钢铁产业集群。这一轮调整，其主流也是在适应国民经济发展要求的前提下展开的，钢铁工业的创新能力和资源配置效率，得到了快速提升。

首钢曹妃甸钢铁生产基地（中国冶金报社提供）

二、国民经济多部门、多产业携手共进，孕育了钢铁工业体系进一步提质升级的优势

中华人民共和国成立70年来，从“全国支援鞍钢”，7306名干部从全国各地被选派到鞍钢工作，到“鞍钢支援全国”，先后向全国输送各类人才12.5万名，援建20多家大型钢企，支援13个省市冶金工业建设；从改革开放之后大量引进国外先进装备技术，到今天我国钢铁工业主体装备技术整体上达到世界先进水平，大型冶金设备国产化率达90%以上；从20世纪六七十年代多个单位联手解决攀枝花钒钛磁铁矿资源综合利用世界性难题、90年代彻底攻克白云鄂博铁矿“三口一瘤”难关，到今天我国在贫赤铁矿、褐铁矿、菱铁矿选矿技术等方面居国际领先地位；从新中国成立之初引进苏联技术和管理经验发展炼焦工业，到1991年我国焦炭产量超过俄罗斯，跃居世界第一产焦大国；从20世纪60年代初鞍钢提出“为用户服务就是为人民服务”的口号，到今天钢铁企业与科研院所、用户企业开展的签订战略合作协议、共建创新联盟、EVI（供应商先期介入）、合资建厂等形式多样的产学研用合作……国民经济多部门、多产业几代人的接力奋斗，共同铸就了大国钢铁雄厚的产业基础、技术实力和创新潜能，这是中国迈向钢铁强国的独特优势。

欢送鞍钢支援全国钢铁基地建设的职工现场（中国冶金报社提供）

回首70年发展足迹，可以说，紧扣国民经济发展要求，尊重钢铁工业发

展基本规律，用“全国一盘棋”思想统筹推进钢铁及相关产业和各类要素的协调发展，是钢铁工业体系发展的特点，也是助力钢铁工业腾飞的成功经验。

第二节 审视当下：旧的发展理念和增长方式已不可为继

事物的发展总是波浪式前进、螺旋式上升的。在钢铁工业体系的形成和调整中，我们也难免走过一些弯路，留下这样或那样的问题、教训。

例如，在进入21世纪的前10年，在经济高速增长的带动和地方政府的支持下，一些地区新建和扩建了大量钢铁企业，吸引产业链上众多企业快速集聚，形成了津冀北、晋冀南、长三角三大钢铁产业集群和山东、辽宁两大钢铁板块。截至2015年底，上述地区钢铁企业粗钢产能合计占全国的近80%，不仅加剧了钢铁产能过剩和“北重南轻”等总体布局不合理的矛盾，而且产业快速集聚致使区域环境容量和承载力不足的问题日益突出。同时，城市高速发展，被城市包围的钢铁企业的环保问题，也引发社会关注。这些，都为新一轮调整埋下了伏笔。而片面追求量的扩张的粗放发展理念和“一窝蜂”式“大干快上”的增长方式造成产业发展的失衡，则是必须汲取的深刻教训。

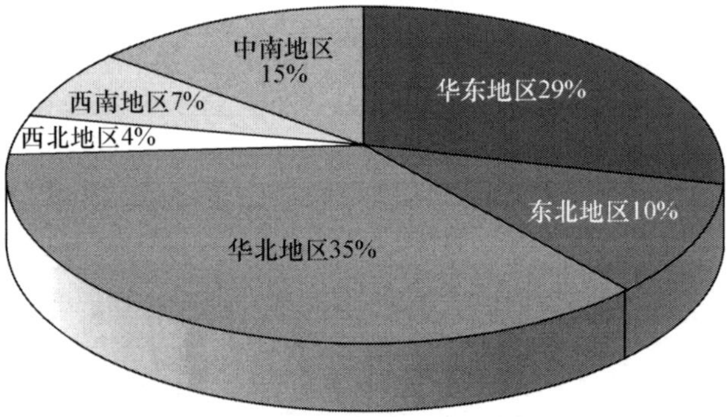

2015年，我国各区域炼钢产能占比图（来源：钢铁研究学报。中国冶金报社提供）

今天，钢铁工业体系新一轮优化调整已经开始。这是在新时代的新征程上展开的，旧的发展理念和发展方式已不可为继，我们需要自觉站在新的历史方位审视当下，谋划未来。

目前，一些产钢大省纷纷出台了钢铁产业调整方案，一些省份和地级市也提出打造千亿元级钢铁产业集群的规划。我们在期待其取得预期效果的同时，也在关注一些新的现象。例如，将区域内钢铁企业向沿海搬迁，成为各地日渐趋同的选择。据不完全统计，我国沿海地区已有在建和拟建的钢铁产能已超过 2.6 亿吨。当然，产能向沿海的适度转移是可取的，但“一窝蜂”式地向沿海搬迁，是否会重蹈粗放发展的覆辙，需要深入考量。

2018 年 12 月召开的中央经济工作会议指出，坚持以供给侧结构性改革为主线，要在“巩固、增强、提升、畅通”8 个字上下功夫。在“8 字方针”指导下，我们应该厚植新理念，锁定“加快建设制造强国”的战略目标，着力推动钢铁工业体系的“质量变革、效率变革、动力变革”，促进钢铁工业“迈向全球价值链中高端，培育若干世界级先进制造业集群”。

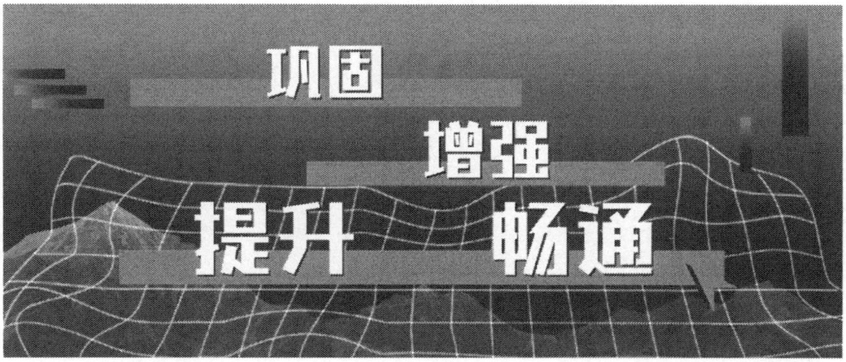

（中国冶金报社提供）

第三节　谋划未来：以构建钢铁产业生态圈为抓手促进提质升级

今天的中国钢铁工业体系，携着特有的优势和不足、经验和教训，又到了迈向中高端的关键阶段。那么，我们究竟应该怎样发挥钢铁大国优势，在新时代的鲜明主题下布局谋篇？近年悄然兴起且仍在不断完善的产业生态圈理论，为我们提供了新的视角、新的选择，那就是借力新一轮科技革命的成果，以构建协同、高效、创新的钢铁产业生态圈为抓手，重构钢铁工业的版图，推进提质升级。

所谓钢铁产业生态圈，是以钢铁产业为龙头，聚合上下游产业链上的多种产业或产业集群，集聚技术、资本、人力等多种要素，依靠大数据支撑、网络化共享、智能化协作，在多个区域进行分工和布局所形成的复杂的产业空间网络体系。在这个空间网络体系中，各个产业和要素，包括一条条企业供应链，可以在多个地域、多个产业间实现互动交流、开放合作，从而促进形成资源高效配置、快速响应市场、协同创新迭代演进的良好产业生态。

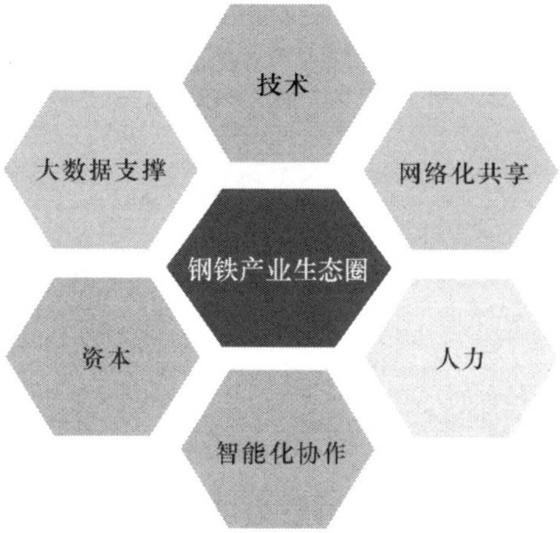

（中国冶金报社提供）

首先，构建钢铁产业生态圈，有助于解决区域各自为政、条块分割进行钢铁工业体系调整所带来的一系列问题。以往在某个地理空间上聚集大量钢铁及上下游企业的产业布局和组织模式，不可避免会带来产能扩张冲动高涨、环保压力加大、区域发展不平衡等问题。建设钢铁产业生态圈，则可以用充满活力的创新生态，实现跨产业、跨区域的协同创新，从而推进产业和区域的协调发展。

其次，构建钢铁产业生态圈，有助于打造世界级先进钢铁产业集群。所谓世界级先进钢铁产业集群，是面向全球化发展，集产业竞争力、技术水平、组织管理、开放合作和创新文化等多要素于一体的产业生态网络，也可以看作是钢铁产业向全球钢铁产业生态系统的延伸和融入。而钢铁产业生态圈，则可以用它开放、包容、协同、高效的特长，加速培育世界级先进钢铁产业集群，助力我国实现由钢铁大国向钢铁强国的跨越。

最后，构建钢铁产业生态圈，是一场新的发展理念和发展方式的变革。

创新驱动，技术、管理、商业模式的迭代演进，是钢铁产业生态圈的内生动力；全过程、全链条、全环节的绿色发展，是钢铁产业生态圈可持续发展的基础；开放、协同、智慧、高效，是钢铁产业生态圈的活力源泉；而依法依规、合作共赢，则是钢铁产业生态圈的文化属性。

建设这样的一个产业生态圈，意味着国家和地方政府、钢铁及相关行业和企业，以及各参与方，还有很多具体而艰巨的任务要完成。例如，坚持“全国一盘棋”，深度调整钢铁工业布局；推进横向和纵向兼并重组，提高产业集中度；推进供应链创新，加速产业融合，为产业生态圈赋能；加强钢铁产业生态圈的顶层设计，充分释放空间网络体系的活力等，都需要我们为之不懈努力。

鲲鹏展翅，水击三千里，抟扶摇而上者九万里，自有与众不同的高度和作为空间。

今天，用新时代的新站位、新理念、新探索，在全球最大、最完整的钢铁工业体系的传统规模优势上，叠加创新发展新优势，中国钢铁一定能够变得“既大又强”，走得更远，飞得更高。

第四章　怎样看待新中国钢铁工业科技创新成就和努力方向

扫码听书

党的十九大报告提出，必须坚持质量第一、效益优先，以供给侧结构性改革为主线，推动经济发展质量变革、效率变革、动力变革，提高全要素生产率。

“提高全要素生产率”的要求，是党在全国代表大会报告中首次提出来的。其本质，就是摒弃传统的依靠要素投入的增长方式，转向依靠创新驱动、依靠资源优化配置实现更高质量的发展。

新中国成立 70 年来，钢铁工业的发展经验告诉我们，实现创新引领高质量发展最重要的引擎，是科技创新。

那么，我们该如何看待钢铁工业科技创新的得失？该如何看待未来钢铁工业加强科技创新的有效方法和路径？

第一节　新中国钢铁工业科技创新的轨迹和特征

新中国钢铁工业 70 年的发展实践表明，科技创新是支撑中国钢铁工业发生翻天覆地变化的核心要素。

从新中国初创时鞍钢“三大工程”（大型轧钢厂、无缝钢管厂和七号高炉）建设，到后来的“三大五中十八小”等一大批钢铁企业的建设，我国逐渐掌握了高炉、平炉、氧气顶吹转炉等生产技术，钢材的品种质量也有了较大改善。

改革开放之后，与全盘引进国外先进技术建设宝钢和天管同步，原冶金工业部提出“立足现有企业，走挖潜、改造、配套、扩建的路子”，重点抓好现有钢铁企业的技术改造。1994 年，全行业开始采用淘汰平炉、高炉喷煤粉、连铸连轧、溅渣护炉、热装热送、干熄焦等六大共性先进技术改造老企业。

1953 年 10 月 27 日，鞍钢无缝钢管厂生产出了中国历史上第一根无缝钢管。鞍钢无缝钢管厂 1952 年 7 月 14 日正式动工，1953 年 10 月 31 日提前完工，全部移交生产部门。它是当时闻名全国的鞍钢“三大工程”之一，被誉为新中国无缝钢管的“摇篮”（中国冶金报社提供）

1963 年 11 月 18 日，由原冶金工业部武汉建设公司承建的马鞍山轮箍厂成功试轧出我国第一个轮箍（中国冶金报社提供）

石钢（首钢）职工进行浇注钢锭（首钢集团提供）。1964 年 12 月 24 日，新中国第一座 30 吨氧气顶吹转炉在石钢（首钢）诞生。这是我国在没有从国外引进任何软件、硬件的情况下，自主建设的当时最先进的炼钢转炉，揭开了我国转炉炼钢的新篇章

1968 年 5 月，河北石家庄钢厂将 6 号 55 立方米高炉（今河钢石钢 2 号高炉的位置）改造修复后复产（河钢集团石钢提供）

20 世纪 60 年代，我国加大电炉钢的生产。1969 年 3 月，从瑞典引进的 50 吨电炉在太钢建成投产。图为太钢电炉钢生产场景（太钢集团提供）

1999 年 3 月，国家“九五”重大技术装备研制项目——鞍钢新轧 1700 毫米中薄板坯连铸连轧生产线（ASP）破土动工。该项目是我国第一条依靠自己力量研制的中薄板坯连铸连轧生产线，全线国产化设备达 99.5%，并首次在国内自主集成了全线三级计算机控制系统。2000 年 10 月该项目全线竣工投产。图为 1700 毫米轧机正在稳定运行（中国冶金报社提供）

2001 年 12 月 28 日上午，我国最后一座平炉在包头钢铁（集团）公司光荣退休。包钢 1 号平炉既是包钢第一座、也是我国最后一座大型平炉。1960 年 5 月 5 日 ~2001 年 12 月 28 日，包钢 1 号平炉共产钢 3280 万吨。图为平炉关停仪式现场（中国冶金报社提供）

2005 年 3 月 1 日，由中冶集团宝冶建设承建的宝钢“十五”重大项目——5 米宽厚板轧机一期工程热负荷试车成功。当时，建设 5 米级宽厚板轧机在我国是第一次（中国冶金报社提供）

2005 年 12 月，攀枝花钢铁（集团）公司新 3 号高炉建成出铁，该炉容积为 2000 立方米。这是当时世界上钒钛磁铁矿冶炼高炉中容积最大的（中国冶金报社提供）

进入 21 世纪，中国钢铁工业依靠引进吸收再创新、集成创新、自主创新，装备技术向着大型化、高效化、自动化、长寿化和生产过程环境友好的方向加速发展。如今，中国钢铁工业的整体装备技术水平已达到或基本达到世界先进水平。

今天，回顾这段科技进步的历程，尽管我们中间走了一些弯路，也确实存在科技创新能力不强的问题，特别是一些规律性的特征需要准确把握。

首先，钢铁工业科技进步方向和路径的选择，是始终与国民经济的发展要求紧密相连的。

新中国成立之初，面临着帝国主义的封锁，依靠独立自主、自力更生，生产出新中国第一根钢轨，第一根无缝钢管，第一件车轮，第一批炮钢、犁铧钢、桥梁钢……出色地完成了国家交给的任务。

但是，“文化大革命”极大破坏了我国钢铁工业的正常生产秩序，管理混乱，科技进步停滞，工艺装备落后，1974~1976 年连续 3 年没有完成年产 2600 万吨钢的任务。“三打两千六”的失败，加上改革开放让我们看到自己与国际水平的巨大差距，中国钢铁人用发自内心的全部激情拥抱“科学的春天”，通过大规模引进国外先进技术和装备，迅速抬高了追赶国际先进水平的

新中国成立后建成的第一条铁路干线（中国冶金报社提供）

马钢人牢记嘱托、勇挑重担、艰苦创业，于20世纪60年代成功轧制出中国第一件轮箍（中国冶金报社提供）

起点，并通过在引进基础上的再创新、集成创新、原始创新，一举构建起在世界上整体领先的生产能力。

丁一林《科学的春天》（油画）（中国冶金报社提供）

试想，在当时落后的工业基础上，如果没有选择这样一条科技进步的路径，钢铁工业是无法支撑我们国家“用几十年时间走完发达国家几百年走过的发展历程”的。适应国民经济发展要求，不甘落后，创新进取，是70年来钢铁工业科技进步的主旋律。

当然，当时还在大规模引进先进技术和装备时所表现出的盲目重复引进、一味大干快上，是值得深刻反思的。

其次，70年中国钢铁工业科技进步的历程表明，中国钢铁人有着善于学习、勇于创新的光荣传统，这也是我们实现高质量发展的信心所在。

1978年12月，国家花费40亿元引进的具有当时世界先进水平的1700毫米轧机系统项目在武钢建成投产。为了“驯服”洋设备，当年武钢掀起了学习的高潮，夜校灯火通明，图书馆天天爆满。这样的场景让所有经历过那个时代的人今天想来仍然热血沸腾，这是新中国钢铁人科技报国的精神写照。

1984年2月15日，邓小平同志视察宝钢并题词：“掌握新技术，要善于学习，更要善于创新。”这不仅为宝钢，也为整个中国钢铁行业注入了创新的力量。即使在大规模引进国外先进技术装备的时期，创新仍然贯穿钢铁工业科技进步的始终。宝钢一期工程、二期工程的设备国产化率分别为12%、61%，三期工程建设的设备国产化率超过80%。2000年，鞍钢克服重重困难

武钢一米七轧机正在生产的情景（中国冶金报社提供）

建成我国第一条自主设计、具有国际先进水平的1700毫米ASP薄板坯成套设备生产线等。此后的鞍钢鲅鱼圈沿海钢铁基地、首钢京唐钢铁基地、宝钢湛江钢铁基地等一批重点钢铁项目的建设，更是成为中国钢铁工业技术集成优化和技术进步的综合体现。

首钢京唐公司鸟瞰（中国冶金报社提供）

2015年9月25日，宝钢湛江钢铁一号高炉点火成功（中国冶金报社提供）

新中国钢铁工业发展到今天，既有创新引领发展的内在要求，又有“核心技术是买不来”的外部环境。我们尤其要坚持与国家战略同向而行、同频共振，尤其要继承艰苦奋斗、持续创新的传统，发扬“企业家精神”“工匠精神”，在科技创新上取得更多、更大的突破。

第二节　新中国钢铁工业科技创新的成就和短板

70年来，我国钢铁工业科技进步成就显著。大中型钢铁企业的主体设备已达国际先进水平；设备大型化工艺成套技术研发与应用取得重大突破，有些已达到世界先进水平；工艺衔接逐渐精准，钢材质量日趋稳定；以新一代控轧控冷技术为代表的轧钢技术，冶金自动化、信息化、智能化技术发展迅速；行业环保技术水平得到了显著提高，污染物排放总量和单位产品污染物排放量大幅度降低，钢铁企业环境面貌明显改善。

经过70年的发展，一大批钢铁产品的研发生产保障了国民经济各主要用钢行业的升级需求。

从“长征七号”探空到“蛟龙”探海，从具有“纯正中国血统”的中国标准动车组“复兴号”到打破世界纪录、开采可燃冰的海上钻井平台“蓝鲸1号”，上天、入地、潜海……中国钢铁工业为各类“大国重器”持续提供领先的高品质材料支撑。

（中国冶金报社提供）

（中国冶金报社提供）

（中国冶金报社提供）

（中国冶金报社提供）

在肯定成绩的同时，我们也必须清醒地看到，进入新的发展阶段，钢铁工业在技术进步方面仍存在着不少问题。例如，科技创新驱动发展的动力还不足，对科技研发的投入与钢铁大国的地位还不相称，创新资源分散，集中力量攻坚克难的力度还不够；一些前沿技术、核心技术和关键技术缺失，大量钢铁产品长期徘徊在一般水平；质量稳定性还不够，高端产品生产还有待加强；标准的有效性、适用性、引领性和先进性还有待提升；节能环保、低碳绿色发展的核心技术还有待突破；基础理论、产业融合技术研究还有待加强；信息技术与钢铁制造融合发展有待深化，智能化仍需时日；新材料研发、人才培养还需要加大力度等。这些都是我们从钢铁大国迈向钢铁强国必须解决的问题。

第三节　新时代中国钢铁工业未来科技创新的方向和着力点

党的十九大描绘了新时代中国特色社会主义建设的蓝图。站上新的历史方位的中国钢铁工业，需要以建成钢铁强国的使命担当，以自主创新为战略基点和核心要素，瞄准关键短板发力，走好科技创新之路。

（中国冶金报社提供）

一、要把掌握关键核心技术作为科技创新的主攻方向

走过70年辉煌历程，中国钢铁工业成功解决了“有没有”“够不够”的问题，如今在高质量发展阶段，根本在于解决“好不好”的问题。

那么，什么是“好”？按照几代钢铁人的“中国梦”来说，就是建成钢铁强国。何以称为钢铁强国？其首要条件是要有能力引领世界钢铁工业科技进步的发展潮流，要有能力生产高性能、高技术含量和高附加值的产品，要有能力为中国和世界的发展做出不可替代的贡献。

习近平总书记指出：“关键核心技术是国之重器。”对于中国钢铁工业来说，关键核心技术是需要长期研发投入、持续积累才能形成的原始创新、原创技术，是对人类经济社会产生深远而广泛影响的革命性技术。掌握这样的关键核心技术，需要我们把科技创新摆在发展全局的核心位置，集全行业之力，实现颠覆式的创新，创造一些从无到有的成果。

当前，信息技术与制造业融合的第四次工业革命方兴未艾。钢铁工业要抓住机会，在智能制造技术上发力，实现“弯道超车”。

宝钢股份无人化板坯库采用的自动识别板坯信息技术（中国冶金报社提供）

同时，在全球钢铁工业最严格的生态环境保护标准的倒逼下，我国一些优秀钢铁企业已经掌握了世界领先的节能减排技术。我们要乘势而上，力争引领世界钢铁工业绿色发展的革命性变革。

二、要加大研发投入，增强科技创新的发展后劲

近年来，我国钢铁企业虽然每年研发投入实现了递增，但总体的投入强度还比较低，这也是钢铁工业整体技术创新水平不高的一个重要原因。2016年，全行业研发投入占主营业务收入的比重为0.87%，远低于发达国家2.5%以上的水平。2017年中国钢铁工业协会发布的《中国钢铁工业转型升级战略和路径》研究报告提出，争取到2025年，企业研发投入强度达到2%以上。

梅钢在国内率先开发“无人浇钢”。首钢长钢公司的“小黄人”——长钢公司炼钢钢水智能快速分析系统的主体设备，主要从事钢水分析工作（中国冶金报社提供）

这个指标是我们在科技创新方面取得突破的基本保证，希望优秀钢铁企业能走在前面，尽快达到并超过这个指标。

三、要加强科技创新体系建设，激发创新活力

这是一个各类创新资源如何高效配置的问题。我们要瞄准钢铁产业创新体系的短板，进一步明确企业、科研院所、高校、社会组织等各类创新主体的功能定位，在加强知识产权保护的基础上，探索建立共创共享的利益机制，涵养协同文化，逐步建成集合方方面面力量的、开放而富有活力的创新生态系统。近期，中国钢铁工业协会成立了科技创新工作委员会，将积极组织开展产业技术创新战略研究，帮助政府明确重大关键技术研究重点与方向，推进上下游产业的战略合作与协同创新，整合相关资源，集中有限力量，实现重点突破。

当然，在钢铁行业的创新体系中，最具活力的是人才资源。培养创新型人才、科技领军型人才、技能型人才，要求全行业进行一系列深刻的体制机制变革和持久的文化建设。

四、要坚持标准引领，抢占国际竞争制高点

技术的进步，最终表现为标准的进步。应该看到，标准竞争，不仅是企业和行业竞争力的体现，也是国家竞争力的体现。钢铁强国之“强”，也体现在我们能否掌握技术标准的制定权，占领国际竞争的制高点上。因此，在科技创新工作中，我们一定要植入标准先行的理念，坚持科技研发、标准研制和产业发展一体化推进。钢协也将加强组织策划，构建中国钢铁强大的标准工程体系，着力提升我国主导国际标准竞争的能力。

新中国成立 70 年来，中国钢铁工业科技创新虽然已经走过千山万水，但仍需不断跋山涉水。我们要严守初心使命，为钢铁工业实现由大到强的历史性跨越，为不断增强我国经济创新力和竞争力，为促进世界钢铁工业的发展，再攀科技高峰。

第五章　怎样看待新中国钢铁工业国际化发展成就和克难攻坚路径

扫码听书

20 世纪 50 年代末到 80 年代中期，中国冶金系统秉承国际主义精神，投入巨大财力、物力，对阿尔巴尼亚、越南、朝鲜、罗马尼亚和巴基斯坦等国冶金项目建设提供了援助，促进了受援国经济发展。

2016 年，河钢集团收购已连续亏损 7 年的塞尔维亚斯梅代雷沃钢厂，用时半年便使其扭亏为盈，救活了一个厂，温暖了一座城。

跨越 70 年历史长河，中国钢铁工业在不同的时代背景下，展现着同样的睦邻友邦的风范和担当。进入新时代，在积极参与“一带一路”建设的过程中，中国钢铁有能力为世界经济的发展做出更加积极的贡献。

第一节　全球发展　新中国钢铁功不可没

麦肯锡全球管理合伙人凯文·斯奈德在 2019 年夏季达沃斯论坛上指出：“世界对中国市场的需要超过中国对世界市场的需要。”获得这样的评价，离不开大国钢铁在国际舞台上发挥的重要作用。

一、中国钢铁工业为国际市场提供了大量有竞争力的产品和服务，支持了世界经济的发展

70 年来，中国钢铁工业在曲折中坚韧前行，终于在 1996 年超过日本，年产粗钢 10124 万吨，坐上全球粗钢产量第一把交椅。直至今天，中国的粗钢年产量已超过 9 亿吨。这其中有几代钢铁人的艰苦付出，也是中国崛起的必然要求。

改革开放以来，我国钢铁工业通过引进来和走出去，与国际交往日益频繁。中国钢铁工业在基本满足了各行各业对钢铁产品的需求后，开始向国际市场提供钢铁产品。改革开放之初，我国的大量外汇用来进口钢材；从 2005

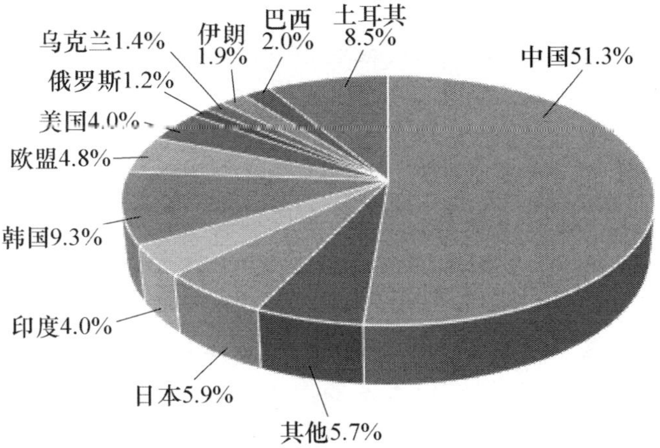

2018 年，我国粗钢产量 9.3 亿吨，占全球粗钢产量的 51.3%，
排名全球第一（中国冶金报社提供）

年起，我国开始成为粗钢净出口国，2006 年成为钢材净出口国。2006～2018 年，中国钢铁工业在满足国内钢材消费需求的同时，累计向世界各地出口钢材 8.58 亿吨，为全球经济的发展做出了重要贡献。值得一提的是，中国钢铁行业一直本着满足国内需求为主的发展理念，限制钢坯等初级产品出口，特别是随着中国钢铁工业生产能力的不断提升和品种质量的持续改善，中国出口钢铁产品的品种质量和服务水平都有了质的飞跃，在特定时期满足了国际钢铁市场多层次和多样化的需求。

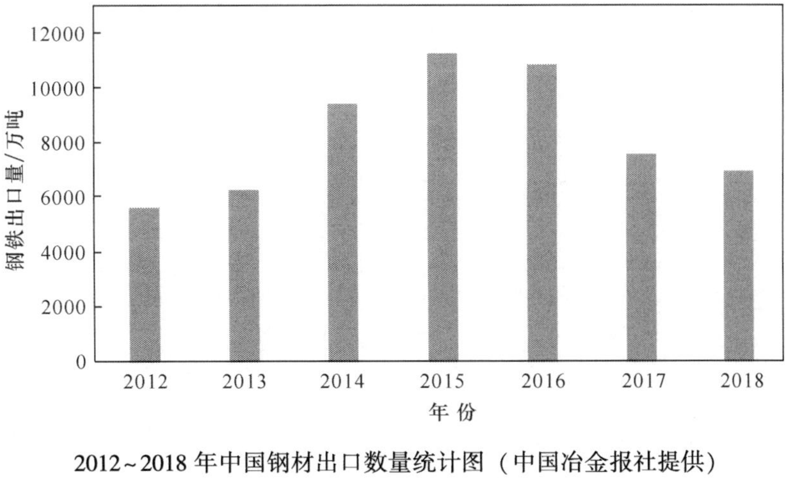

2012～2018 年中国钢材出口数量统计图（中国冶金报社提供）

此外，我国钢铁工业的快速发展为全球钢铁及相关产业创造了广阔的市场空间，带动了钢铁原燃料、冶金设备及技术服务的增长，在世界钢铁舞台上发挥了举足轻重的作用。2018 年，中国经济增长对全球经济增长的贡献率接近 30%。

二、大国钢铁逐渐改变了世界钢铁竞争格局，有利于维护自由、公平、有序的国际钢材市场竞争秩序

2001 年，中国正式加入世界贸易组织（WTO）后，逐渐成为反倾销第一涉案大国，其中钢铁工业首当其冲。但也正是在这样的博弈中，中国钢铁人逐渐掌握了国际市场竞争规则。“在游泳中学会了游泳”。

2001 年 11 月 11 日，中国加入世贸组织签字仪式在
卡塔尔首都多哈举行（图源于新华社，中国冶金报社提供）

从 1995 年我国钢铁企业取得自主经营出口业务的权利，到 1998 年太钢首次向当时的国家冶金工业局提出不锈钢反倾销调查申请，再到近年天工国际挑战国际贸易壁垒取得“三连胜”（胜诉欧盟“双反”案、美国反补贴案、土耳其保障措施案）；从 2002 年我们面对美国限制钢铁进口的“201 条款”成功运用保障措施对钢铁行业依法进行保护，到 2018 年中国钢铁企业在美国

“337 调查”案反垄断、窃取商业秘密、反规避 3 个诉点全部胜诉……中国钢铁工业在世界舞台上彰显着实力和自信，同时也在一定程度上遏制了贸易保

中国冶金报

• 中国钢铁工业协会主管主办
• 中国冶金报社出版
• 国内统一刊号:CN11-0069
• 邮发代号:1-32
• 零售价:1.10元
• 年定价:223.92元
• 每周二、三、四、五出版 • 本期 8 版
• 073 期（总 6795 期）

www.csteelnews.com

2018年5月17日 星期四　一九五六年周恩来题写《冶金报》报名 | CHINA METALLURGICAL NEWS

本期关注 ▶ 02 要闻 共绘钢城绿色画卷 ——河钢邯钢建设与城市和谐共融型示范钢厂纪实　03 月度综述 4月份国内钢材价格由降转升 后期将难以大幅上涨　07 耐火材料 看湛江钢铁高炉系统如何配置耐火材料

编者按 中国钢铁企业在美国涉钢“337 调查”案中取得完全胜利。在应诉过程中，中国钢企经历了什么？此次胜利有何意义，带给我们哪些启示？本报从本期开始连续 4 期推出独家调查报道——《中国钢铁企业胜诉“337 调查”系列报道》，讲述此案背后的故事，为读者还原中国钢铁企业的应诉之旅。

记者调查

中国钢，为荣誉而战

——中国钢铁企业胜诉“337 调查”系列报道之一

本报记者 何惠平

2018年3月19日，美国国际贸易委员会（以下简称ITC）发布公告，决定终止针对中国的碳钢与合金钢“337 调查”案反垄断指控调查。ITC 裁定，原告美国钢铁公司（以下简称美钢）要证明因被告的垄断行为而受到损害，但因原告无法证明，所以不具有起诉主体资格。至此，历时近 2 年，中国钢铁企业在“337 调查”案反垄断、窃取商业秘密、反规避 3 个诉点全部胜诉，成功维护了中国钢铁企业在美国市场乃至国际市场的声誉，捍卫了中国钢铁行业的尊严和中国钢铁的品牌形象。

中国钢铁工业协会会长、河钢董事长于勇在谈到代表中国钢企参与应诉的体会时指出：“自胜者强，自强者胜。”中国钢铁业历经改革开放 40 年来的快速发展，已经有足够的能力立足于世界钢铁舞台，这是取得全面胜诉的坚实基础。面对不公正贸易待遇，中国企业要敢于说不，有理有节进行反击，坚决维护自身利益和形象。

中国钢铁工业协会党委书记兼秘书长刘振江也指出，这场诉讼，对中国钢铁来说是一场“荣誉之战、正义之战”。

河钢 337 专项工作组的总联系人、河钢集团北京国际贸易有限公司出口部的周围激动地说：“经过近 2 年的艰苦工作，我们咬牙坚持到了最后。当 3 月 19 日（北京时间）深夜，收到了‘337 调查’3 个诉点全部胜诉的消息，我热泪盈眶，近 2 年坎坷艰难的经历，霎时都化为胜利的喜悦！为了中国钢铁的声誉，为了国家形象，我们不怕苦、不怕累！”

这 2 年，中国钢铁企业在应诉的过程中经历了什么？又是如何如何打赢这场“官司”的？连日来，《中国冶金报》记者先后采访了中国钢铁工业协会、中国部分应诉钢铁企业及全程参与本次诉讼的有关律师。

硬气！中国钢敢于“硬碰硬”

2016年4月26日，美钢向 ITC 提出申诉，指控宝钢、首钢、武钢、鞍钢等中国钢铁企业及其美国分公司共计 40 家企业合谋操控价格、窃取商业秘密以及通过虚假标签标示原产地以规避反倾销反补贴税，违反了《美国1930年关税法》第 337 条款，要求启动“337 调查”。美国当地时间 2016 年 5 月 26 日，ITC 宣布对上述中国企业在美销售的碳钢与合金钢产品发起“337 调查”。

据有关资料显示，美钢成立于 1901 年，由卡内基钢铁公司和联合钢铁公司等十几家企业合并而成，曾控制美国钢产量的 69%，先后吞并了 50 多家企业，依靠其雄厚的经济实力垄断了美国的钢铁市场和原料来源。此次美钢提出“337 调查”申请，其几乎等于在向整个中国钢铁行业宣战。

中国钢铁工业协会国际钢铁贸易谈判代表侯颖告诉《中国冶金报》记者，“337 调查”是 ITC 依据《美国 1930 年关税法》第 337 条款的有关规定，以往多是针对进口产品的知识产权、商业秘密等问题展开的调查，多为高科技产品。而针对中国钢铁的“337 调查”是前所未有的。根据美国法律，不应诉即意味着败诉，不仅中国钢铁企业的国际形象被贬损，而且中国钢铁产品也面临被永久赶出美国市场的风险。

▶▶下转 08

中国钢企胜诉“337调查”告诉我们什么？

本报评论员

历时两年，美国涉钢“337 调查”案终于以中国钢企的全面胜利而告终。面对美国钢铁公司一手挑起的贸易保护争端，中国钢铁给了世界一个响亮的回答。

“历史，总是在一些特殊年份给人们以汲取智慧、继续前行的力量。”习近平主席在博鳌亚洲论坛上的主旨演讲发人深省。赢在改革开放 40 周年这个“特殊年份”的这场反对贸易保护主义的胜利，意义非凡。

中国钢企的胜诉，彰显了走过改革开放 40 年光辉历程的中国钢铁行业的综合实力和核心竞争力。而这，正是我们应诉“337 调查”取得全面胜利的基石。

改革开放以来，特别是近几年，中国钢铁企业通过改革创新，着力改善品种结构、提高质量、提升服务水平，钢材产品的国际市场竞争力显著提升，获得越来越多国际用户的认可。在此次“337 调查”的应诉中，按美方十分苛刻的要求，中国钢企悉数提供证据材料，有力地证明了中国钢铁企业的规范运营、精细管理和科技进步水平。中国钢铁企业在“337 调查”案反垄断、窃取商业秘密、反规避 3 个诉点全部胜诉，恰恰是对中国钢铁行业改革开放 40 年成就的最佳佐证，也坚定了我们“坚持对外开放的基本国策、坚持打开国门搞建设”的自信。

中国钢企的胜诉，进一步坚定了我们反对贸易保护主义的信心和决心。

中国钢企从来不是国际竞争的“洪水”，特别是近年来，中国钢铁行业成为遭受贸易保护主义危害的“重灾区”。而美国 2016 年发起的完全没有事实依据的针对中国钢铁企业的“337 调查”，更是暴露了其破坏国际贸易秩序、抵制中国钢铁产业发展的企图。如果中国钢铁企业不应诉或者败诉，美国国际贸易委员会（ITC）可能以严厉手段将中国钢铁企业排除出美国市场，除中国企业的形象严重受损以外，还极有可能引发连锁反应，不仅导致其他国家群起“围堵”中国钢铁，而且有可能使美国的“337 调查”成为专门针对中国产品的滥诉工具。在这样严峻的形势下，中国钢铁工业协会和钢铁企业积极应对，通过艰苦努力，为中国企业争得了一个全面胜诉的判例，为抵制“337 调查”成为滥诉工具做出了积极贡献。

▶▶下转 04

攀钢环保累计投入过百亿元

5月4日，在金沙江攀钢段，一江清水正滚滚东流（如图）。攀钢作为长江上游金沙江流域最大的钢铁联合企业，自2005年以来环保投入累计超过103亿元，先后实施了矿山、发电、焦炉、烧结、高炉、转炉、轧钢、钒制品、钛产品等工序的废水、废气、固体废物、噪声治理项目300余项，实现了工业烟气超低排放。　（宋建伟 摄）

中国钢铁企业胜诉“337 调查”案报道（中国冶金报社提供）

护措施的滥用，促进了自由、公平市场环境的形成和全球治理的科学化、公正化，体现了大国钢铁的责任担当。

三、世界领先的生产能力，使中国钢铁工业有能力为世界钢铁工业做出更大贡献

通过对国外先进技术装备的引进消化再创新、集成创新、自主创新，中国钢铁工业技术和装备国产化、大型化、现代化取得重大进展，开始实现从“外为内用”到“内为外用”的转变。2007 年以来，我国大型冶金成套装备开始走出国门。如今，我国冶金成套装备制造的国际竞争力不断提升，像中冶集团已占有世界在建钢铁项目市场 63%的份额。尤其是“一带一路”倡议提出以来，中国钢铁企业以更大的抱负，积极推动国际产能合作，产生了河钢塞钢管理团队这样的“时代楷模”。

河钢塞钢场景（中国冶金报社提供）

应该说，经过 70 年的砥砺奋进，正在由大变强的中国钢铁工业，将更深地融入世界钢铁工业发展的大潮中，在更广阔的空间施展更大的作为。

中塞员工在一起研究技术难题（中国冶金报社提供）

中共中央宣传部授予河钢塞钢管理团队“时代楷模”称号。（中国冶金报社提供）

第二节　任重道远　新中国钢铁仍需创新进取

任何事物的发展都是矛盾的统一体。在过去的历史阶段中合理的选择，在推动历史进步的同时，也会留下这样那样的潜藏着的矛盾和问题。在新的历史阶段，其中一些矛盾和问题就可能演变成制约进一步发展的主要矛盾、关键问题。今天，站在新的历史方位，面对全球化的大潮，中国钢铁工业要聚焦主要矛盾、抓住关键问题，克难攻坚，寻路突破。

一、要着力塑造强国钢铁的品牌形象

70年来，尤其是党的十八大以来，中国钢铁工业形成了一些在国际上有一定影响力的品牌，一些优秀钢铁企业以强大的研发能力和资源配置能力、过硬的产品和服务，以及勇于承担社会责任的良好形象，赢得了国际市场的广泛赞誉。但是，我们也应该看到，低技术含量产品的大量出口，以及片面依靠低成本竞争，甚至无序竞争的市场行为，确实会影响品牌形象，也与我们由钢铁大国向钢铁强国转变的要求不相匹配。当然，在改革开放初期，中国商品的物美价廉也是一个国际品牌，即使在今天，高质量的量大面广的钢铁产品，在国内外市场上也有大量需求。现在我们需要抓紧做好的，是满足高质量发展的更高要求，转变片面依靠低成本、低价格的竞争方式，依靠品种、质量、服务，以及科技创新、绿色发展、资源配置、依法合规经营等能力来培育新的竞争优势，努力塑造强国钢铁品牌。尤其是优势钢铁企业，要进一步增强质量意识、创新意识，通过技术进步和产品升级，不断满足国际市场高端需求。当然，中国钢铁工业还要在走出去的过程中积极履行社会责任，进一步擦亮中国钢铁的国际品牌。

近年来，中国钢铁产品的出口结构不断优化。2013~2016年，我国板材出口量占总出口量的比重一直在44%左右徘徊；2018年，这一比例上升至58%。近年来，以极低铁损取向硅钢、第三代超高强汽车板、不锈钢精密箔材等全球首发或领先产品为标志，中国的高端钢铁产品研发正在发力向前。我们要加大宣传力度，让中国钢铁的良好国际形象深入人心。

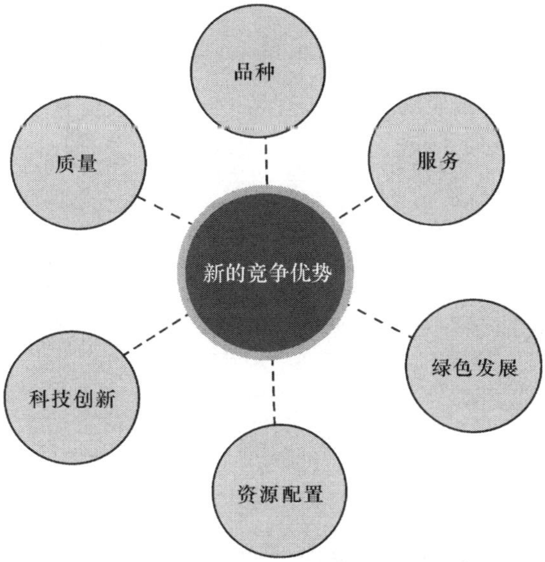

（中国冶金报社提供）

二、要着力构建互利共赢的铁矿石供需机制

改革开放极大解放了中国钢铁工业的生产力。随着粗钢产能、产量的持续高速增长，我们对铁矿石的需求迅猛增加。中国铁矿资源“贫、细、杂”的特点，致使97%以上的铁矿资源需要经过复杂的选矿工艺处理，所能提供的增量也非常有限。因此，海外铁矿资源成为满足钢铁原料增量需求的主要来源。2003 年，中国进口铁矿石数量第一次超过日本，成为全球最大的铁矿石进口国。从那时起，如何充分用好“两种资源、两个市场”，就成为中国钢铁行业持续求解的问题。

回首这十几年的“求解”历程，一方面，中国钢铁的快速发展，为全球铁矿业带来了巨大的发展机会。目前，世界领先的矿山公司，无一不是受益于中国铁矿石需求的快速增长。2019 年上半年，国外四大矿山发往中国的铁矿石数量达 4. 5 亿吨，约占其总发运量的 87. 57%。另一方面，中国钢铁企业解决铁矿石问题的努力从未停止。2010 年定价机制从长协谈判改为指数定价，中国钢铁企业、矿山企业和贸易企业一起努力建设公平、公正、公开的铁矿石定价机制；2012 年共同成立了铁矿石现货交易平台，通过透明的价格发现为指数提供样本；2013 年中国推出了全球首个以实物交割的铁矿石期货，发

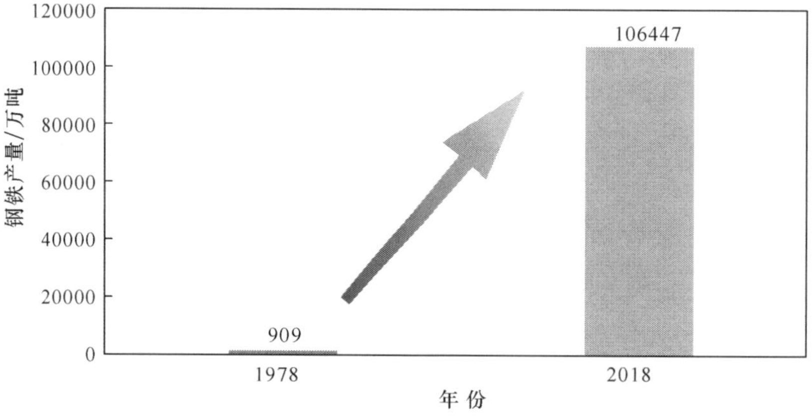

1978~2018 年，我国铁矿石进口量增长示意图（中国冶金报社提供）

挥了价格发现功能；2015 年企业开始改变单一指数定价模式，使用混合指数并初步形成了指数竞争的格局。同时，我们也对合作合资开发海外资源进行了不断探索。正是在产业链跨国合作方面所进行的多种尝试，使中国钢铁行业在市场化建设中不断成长起来，学会更多运用市场化手段解决问题，对利用好“两种资源、两个市场”的认识不断深化。

2012 年 1 月 16 日，中国铁矿石现货交易平台正式成立（中国冶金报社提供）

当然，我们一定要清楚地看到，迄今为止，我们尚未真正建立起铁矿石供需双方认可的、符合市场规律的、能够满足上下游共同利益的、可持续的良性合作关系。2008~2018 年，我国铁矿石对外依存度由 57.2%增长到 80%以上，怎样构建互利共赢的铁矿石供需机制，成为我们迫切需要解决的问题。在这方面，中国钢铁企业愿与矿山合作伙伴精诚合作，加强沟通和交流协商，建立长期牢固、互利共赢的战略合作关系。中国钢铁企业有责任、有义务参与国际资源开发建设，共同打造一个健康发展、长期繁荣的钢铁产业链。

三、要着力构建并深度融入跨国钢铁产业链

近年来，特别是“一带一路”倡议提出以来，中国钢铁企业海外投资建厂的积极性有所提高，但也存在着面对海外投资风险踌躇不前、动力不足；走出去的企业在海外陌生的法律、政策、市场、人文环境中发展困难重重，或者产品在海外打不开销路只得返销国内等现象。

一方面，中国的钢铁企业，特别是优势钢铁企业，要进一步认识到，中国钢铁工业发展到今天，已不能只局限于本土的竞争，而是要着眼于在世界钢铁舞台上发挥更大的作用，科学制定符合自身实际的国际化发展战略，为中国积极参与全球治理，促进人类和平与发展的崇高事业做出钢铁人的更大贡献。这是走进新时代的优势钢铁企业的职责使命。

另一方面，要深刻理解创新、协调、绿色、开放、共享五大发展理念的内涵，在企业国际化发展战略指导下，妥善处理好国际竞争与合作的关系，着力构建并深度融入跨国产业链，积极谋划、审慎落子，在实践中提升高效配置资源的能力，提升产业链协同创新的能力，提升国际化人才队伍建设的能力，从而持续增强国际竞争力。

此外，还要发挥行业的力量，积极搭建信息和资源交流共享的平台，加强双边和多边交流，在帮助钢企和上下游产业链企业合作共赢的同时，努力为走出去的企业营造更好的内外部环境。

习近平总书记说过：“只有回看走过的路、比较别人的路、远眺前行的路，弄清楚我们从哪儿来、往哪儿去，很多问题才能看得深、把得准。”回首过去，展望未来，中国钢铁人有信心、有能力创新攻坚、锐意进取，以更加蓬勃的生命力融入全球化的大潮，进一步彰显造福世界的责任和担当。

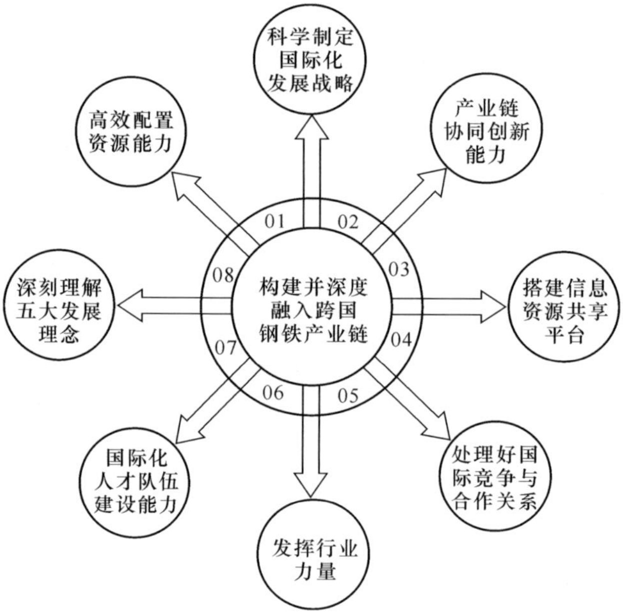
构建并深度融入跨国钢铁产业链
01
科学制定国际化发展战略
02
产业链协同创新能力
03
搭建信息资源共享平台
04
处理好国际竞争与合作关系
05
发挥行业力量
06
国际化人才队伍建设能力
07
深刻理解五大发展理念
08
高效配置资源能力

（中国冶金报社提供）

第六章　怎样看待新中国钢铁工业绿色发展水平、难点和方向

扫码听书

响应人民的期待，是新中国钢铁工业70年发展的不变初心。今天，结束了钢铁短缺时代，完成了国民经济高速增长阶段历史使命的中国钢铁人，开始全力承担推进绿色发展，满足人民日益增长的美好生活需要的新的历史使命。

回首70年征程，钢铁工业节能环保的努力从未止歇。特别是党的十八大以来，中国钢铁人克服重重困难，打造出一批高“颜值”的花园式钢厂和清洁生产、环境友好型钢厂，向世人昭示着绿色钢铁的魅力和潜能。

放眼世界，进入21世纪，面对全球能源与资源危机、生态与环境危机、气候变化危机等多重挑战，以绿色要素投入为主要特征的第四次工业革命——绿色工业革命已经起步。坚持以习近平生态文明思想为指引，发挥优势、挖掘潜能，推进并引领钢铁制造全过程、全产业链的绿色革命，是钢铁工业守初心、担使命的政治自觉，也是我们建成钢铁强国的必经路径。

第一节　成果颇丰　绿色钢铁不负人民期待

评价中国钢铁工业绿色发展水平，不能脱离历史和现实的轨迹。

中国钢铁行业是环保意识觉醒较早的工业行业，环保工作在相当长的历史时期一直走在工业领域的前列。从20世纪50年代包钢引进前苏联喷淋塔除氟脱硫工艺，在脱氟的同时附带脱除30%的二氧化硫；到1978年鞍钢提出“大打环保仗”，实施八大工程的环保改造；到20世纪80年代太钢退休职工李双良科学治渣，创造“渣山”变公园的壮举；再到20世纪90年代，济钢实施以“四全一喷”“四闭路一循环”为代表的节能降耗和循环经济发展创新措施……绿色可持续发展的种子早已埋在广大钢铁人的心中。

鞍钢老高炉改造场景（成明摄影。中国冶金报社提供）

太钢渣山治理时的情景（中国冶金报社提供）

近年来，资源环境约束趋紧，百姓对蓝天白云期待日切，在前期高速发展的迫切需求覆盖下的环保要求也日益强烈地凸显出来。作为大工业生产的钢铁企业的环保问题，首先被公众关注，钢铁人感到了前所未有的压力。

令人自豪的是，中国钢铁人充分认识到，我们今天所承受的环保压力，是社会进步的必然要求。自 2008 年起，河钢唐钢以卓有成效的“绿色转型”，宣告中国钢企有能力打造全球最清洁的钢厂。2011 年 5 月 24 日，宝钢发布《绿色宣言》《产品环境声明》，表达了中国钢企践行绿色发展理念、做绿色产业链驱动者的决心。

一对新人正在河钢集团唐钢公司风景优美的厂区拍摄婚纱照（中国冶金报社提供）

这也是全钢铁行业的心声。太钢全力建设创造价值、富有责任、备受尊重、绿色发展的都市型钢厂，形成了“厂在林中、路在绿中、人在景中”的生态格局，实现了与城市的功能互补、和谐共融，获得了国家环保部门有关领导“身居闹市，一尘不染”的高度评价，创造了城市钢厂发展的全新模式。党的十八大以来，优秀钢企认真学习贯彻习近平总书记“两山”理论，在绿色发展的路上付出了艰苦努力，取得了巨大成就，一批节能环保技术和指标，已达世界先进水平。盘点和客观看待这些成就，有利于坚定全社会对发展绿色钢铁的信心。

2011 年，宝钢在业内独家发布《绿色宣言》和《产品环境声明》（中国冶金报社提供）

（中国冶金报社提供）

一、钢铁行业节能环保指标持续改善

与 2005 年相比，2018 年，重点统计钢铁企业平均吨钢综合能耗由 694

千克标煤降至 555 千克标煤，与世界先进水平的差距大幅缩小，其中一些企业指标甚至已达到世界先进水平；吨钢耗新水由 8.6 吨下降到 2.75 吨，水重复利用率由 94.3%提高到 97.88%；重点钢企在节水和废水治理减排方面已达到国际先进水平，吨钢外排废水量由 4.71 吨下降到 0.74 吨，下降了 84.3%；吨钢二氧化硫排放量由 2.83 千克下降到 0.53 千克，削减幅度达到 81.3%；吨钢烟粉尘排放量由 2.18 千克下降到 0.56 千克，削减幅度为 74.3%。

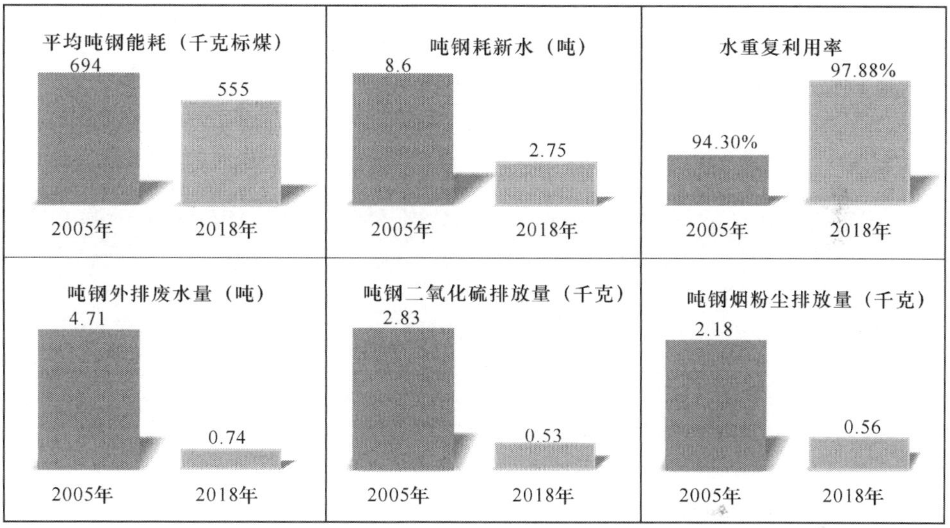

（中国冶金报社提供）

二、一批钢铁企业超低排放改造取得突破

近几年，我国广大钢铁企业围绕焦化、烧结（球团）、炼铁、炼钢、轧钢等五大重点工序及智能制造，开展烟气多污染物超低排放技术、高温烟气循环分级净化技术、副产物资源化技术等组合式系统集成节能减排技术基于炉料结构优化的硫硝源头减排技术、新型非高炉炼铁、小方坯免加热直接轧制技术、智能制造示范线建设等研究，为行业绿色化、智能化发展做出显著贡献。首钢、宝武、安钢、河钢、太钢、德龙、中天等一批钢企大力推进超低排放改造并率先取得突破，为打赢蓝天保卫战、打造全球最大的钢铁清洁生产体系树立了信心。

河钢集团转炉二次除尘设备（中国冶金报社提供）

三、钢铁行业共建绿色产业链初见成效

近年来，中国钢铁行业积极倡导绿色采购、绿色制造、绿色产品，协同促进钢铁与机械、建材等制造业的绿色发展合作伙伴关系。一些先进企业开发了生命周期评价（LCA）环境决策模型和数据不确定性分析平台，引导并协同下游用钢产业进行绿色消费，以全生命周期理念体现钢企对全社会节能减排做出的贡献。

四、中国钢铁工业正在成为世界钢铁工业绿色发展的参与者、贡献者、引领者

目前，中国有世界最严格的污染物排放标准，有世界最先进的钢铁环境治理技术。在行动上，中国可以说是全球少有的切实践行生态经济学理论的国家之一。一批先进中国钢铁企业也在国际舞台上留下了“绿色足迹”：河钢凭借“城市中水替代地表水、深井水作为钢铁生产唯一水源”项目获得世界

钢协可持续发展卓越奖；宝武“LCA 优秀案例”获世界钢协生命周期评价领导力奖；安钢集中启动了总投资达 30 亿元的环保提升项目建设，主要工序环保治理效果全部达世界一流；首钢京唐建成了世界首座完全按照新一代循环经济理念设计的千万吨级钢厂等。

河钢集团水处理中心（中国冶金报社提供）

世界首条亚熔盐法清洁提钒生产线在河钢集团建成投产（中国冶金报社提供）

首钢京唐公司厂区（中国冶金报社提供）

第二节　难点待破　绿色发展仍需长期努力

在亮眼的成绩下，我国钢铁工业绿色发展也存在着各种问题和难点，制约着钢铁工业绿色发展水平的提高。

一、企业间节能环保水平参差不齐，科学规范的环境保护长效机制尚未形成

70年来，中国钢铁工业涌现出一批节能环保水平先进的绿色领跑企业，但也存在鱼龙混杂、水平参差不齐的现象。一些钢企还没有实现污染物全面、稳定达标排放，甚至有些企业节能环保投入很低，存在明显的无组织排放问题。虽然这些企业不是我国钢铁工业的主流，但其对环境的破坏和给钢铁工业整体形象带来的不良影响不容忽视。解决这一问题，需要构建科学规范的环境保护长效机制，坚持严格监管与有效激励相结合，突出差异化管理。而目前，绿色产品评价体系、环保信用体系尚待建立健全，对不同环保水平企业的公平、公正监管也有待进一步落实到位。期待各级政府相关部门根植“谁环保谁获益”的理念，加强监督管理，增加环保违法成本，调动全行业乃至全社会保护生态环境的积极性。在产能结构方面，让实现了超低排放的企业充分释放优质产能，同时限制污染物排放较高的产能，才是推进绿色发展的正确做法。

中国冶金报

2019年7月16日 星期二 www.csteelnews.com | CHINA METALLURGICAL NEWS

2019 欢迎订阅！ 权威解读中国钢铁

本期关注

02 一村一企 精准帮扶 ——首钢集团扶贫工作纪实 要闻

05 推动"不忘初心、牢记使命"主题教育往深处走 党建·文化

08 坚持用户导向"撬动"高端市场 ——山钢汽车用钢应用技术联合实验室技术服务例记 品种·需求

CIOPI 2019年7月12日 415.14 2019年7月15日 419.53

刘炳江回应何文波——

决不允许把环保水平不同企业放在一起竞争

超低排放进行时 在2019(第十届)中国钢铁节能减排论坛上，何文波指出——

推进超低排放改造 促进钢铁工业绿色发展

河南威猛振动设备股份有限公司

首钢股份 打造具有世界竞争力的优秀上市公司 做全球一流的高端材料服务商

鞍钢轻质双相钢

2019年7月13日，生态环境部大气司司长刘炳江表示："决不允许把环保水平不同企业放在一起竞争，如果有那样的现象，那就是监管工作的失职。"（中国冶金报社提供）

二、钢铁工业大生产本身和发展循环经济所蕴含的绿色价值，尚未得到正确评估和充分挖掘

钢铁工业拥有产品制造、能源转换、社会废弃物消纳和资源化三大功能，是发展循环经济的重要载体。比如，钢铁产品的强度、成型性、使用寿命等都优于其他材料，而且可回收性强，一旦生成便是永久性资源。再比如，钢铁生产具备高温、多工序的特点，余能资源量大、质高，不论是在企业内部开展"小循环"，还是与相关产业开展物质和能量的"中循环"，抑或与社会开展供热、供电以及废钢、中水、垃圾消纳等的"大循环"，都有着广阔前景。

但是，这样的循环经济价值被普遍低估，需要充分挖掘并加以利用。同时，各产业间的政策和利益壁垒，也制约着钢铁循环经济的进一步发展。

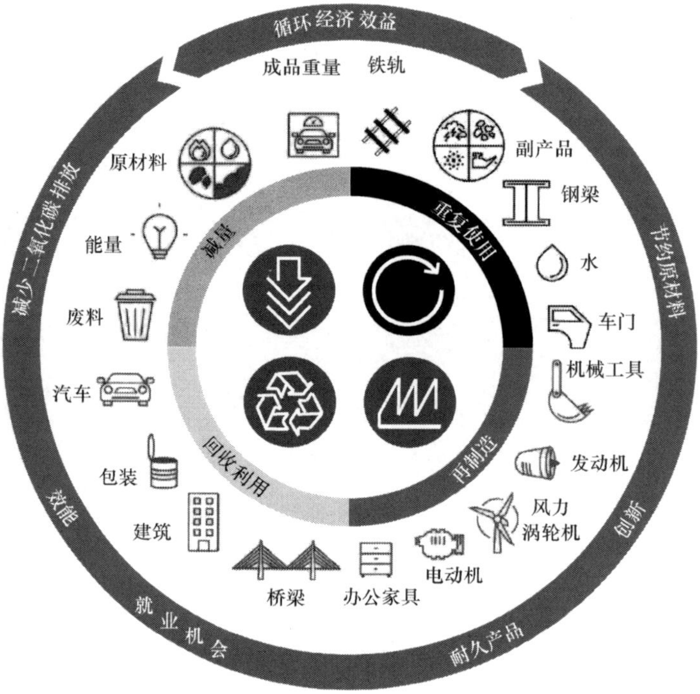

循环经济中的钢铁4Rs（中国冶金报社提供）

三、在技术层面，全面实现超低排放尚缺乏经济可行的技术方案

打好污染防治攻坚战，打赢蓝天保卫战，一个“战”字，足以彰显任务的艰巨。目前，全球最严格的超低排放指标要求无疑让一些企业感到力不从心。环保新技术的研发推广具有长期性，新技术应用具有风险性，且改造投资巨大，运行费用高昂，为钢企的“绿色坚持”平添了困难。这个时候，我们既需要政府的激励机制导向超低排放投入多、效果好、水平高的企业，保护先进生产力，鼓励企业创先争优，又需要建立超低排放科技成果信息共享平台，加速科技成果转化。这两方面的需求都非常迫切。

第三节　协同推进　释放钢铁绿色潜能

当前，以人工智能、量子信息技术、清洁能源以及生物技术等为突破口的第四次工业革命悄然兴起。超低排放责任加身的大国钢铁，理应志存高远，借力实现超低排放改造、打赢蓝天保卫战的契机，发挥钢铁产业带动力强的优势，引领钢铁制造全过程、全产业链绿色革命，逐浪第四次工业革命的大潮。

一、要发挥钢铁企业创新主体的作用，下决心在一批节能减排关键核心技术上取得突破

如今，我国一些钢铁企业正积极选用低硫矿、低硫煤、低氮煤，采用烧结焙烧烟气循环技术、烧结机新型密封技术及低温烧结技术，探索负压蒸氨、负压脱硫、负压脱苯等新技术；高效化炼钢新工艺、氢冶金技术、高效低成本洁净钢生产工艺、新型全废钢冶炼工艺等攻关也正在路上。这是一个良好的开端。未来，中国钢铁企业要加快建立健全“以企业为主体、市场为导向、产学研深度融合的技术创新体系”，协同推进从资源获取方式到技术路线、工艺结构等的革命性变革。

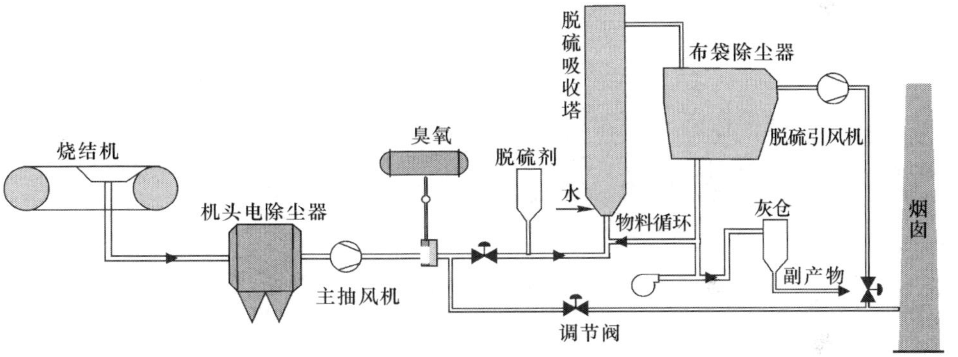

烧结脱硫脱硝协同处置装备流程示意图（中国冶金报社提供）

二、我们要积极构建钢铁产品全生命周期管控体系，引领全产业链绿色发展

这个管控体系赋予了我们用数字化手段记录钢铁生产中的污染物排放、能源资源消耗、对下游产业节能减排的贡献等环境绩效信息，衡量产品整个生命周期对环境影响的能力，使我们能以可持续发展的眼光关注原料、运输、生产、回收等全过程，不断改进生产工艺，突出环境效益，增强产品竞争力。全生命周期管控及评价，不仅可以促进整条产业链绿色发展，还可以展现钢企的社会担当，引导社会公众对钢铁产品形成客观、全面的评价。

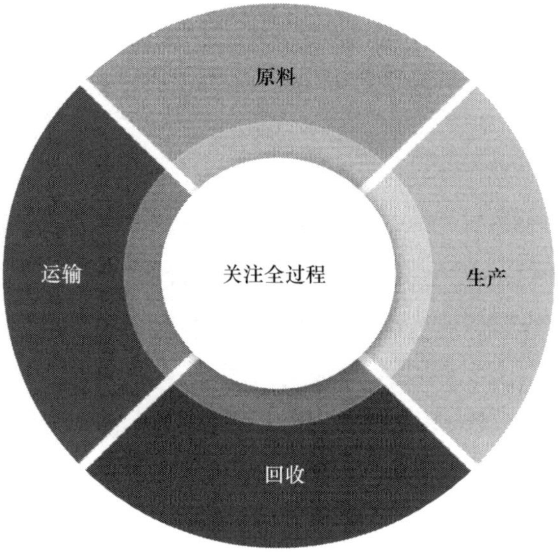

（中国冶金报社提供）

三、我们要自觉树立大生态观，引领循环经济发展

党的十八大以来，越来越多的国内钢铁企业自觉担负起绿色产业链驱动者的责任，在产业链上输送着绿色材料、绿色产品、绿色理念，绿色价值不断提升。例如，首钢将工业尾气制成清洁能源，为工业尾气高值化利用开辟了新路；河钢唐钢作为全球首家推动转炉煤气发酵法制燃料乙醇商业项目的企业，通过该项目收获了比转炉煤气发电高 1.8 倍的效益……

不过，不得不承认，中国钢铁工业在实现“中循环”“大循环”方面仍处于起步阶段，在与供热、电力、石化、建材等行业企业合作，以及进一步挖掘钢企服务城市、服务社会的潜力等方面，仍需要政府这只“手”发挥更加积极的作用。当然，钢铁工业自己也要以更高的站位和更高的生态文明建设水平，利用构建钢铁产业生态圈的机会，主动进取，释放绿色钢铁的无限潜能。

推进并引领绿色革命，钢铁工业已经取得的成果证明，只要我们想做，就一定能有成效。面向前路，我们要以超低排放、近零排放为起点，针对制约绿色发展的难点、痛点协同发力，为人类生态文明的进步做出中国钢铁人的更大贡献。

第七章　怎样看待新中国钢铁企业的管理变革历程，以及竞争优势的重塑

扫码听书

70年波澜壮阔。由计划经济时期政府机关的生产部门，到社会主义市场经济体制下法人经济实体和市场竞争主体，中国钢铁企业实现了脱胎换骨的转变，成为大国崛起当之无愧的钢铁力量。

“培育具有全球竞争力的世界一流企业。”按照党的十九大的要求，中国钢铁企业再次迈开深化改革、管理创新的步伐，开始了新一轮更加值得期待、更加令人鼓舞的深刻转变。

第一节　以主人翁精神闯关夺隘，推动工业经济创新发展

新中国的70年，也是中国钢铁人在党的领导下，发扬主人翁精神大胆创新、勇于实践的70年。钢铁工业在不同历史阶段围绕发展难题所形成的一系列原创性的管理、改革经验，均具有里程碑意义，至今仍值得回味、总结。

第1个里程碑，当属“鞍钢宪法”。

“鞍钢宪法”是20世纪60年代初鞍钢总结出来的一套企业管理基本经验。毛主席将之区别于苏联的“马钢宪法”（以苏联马格尼托哥尔斯克钢厂经验为代表的一长制管理方法），称作“鞍钢宪法”。当时的冶金工业部将“鞍钢宪法”概括为5项原则，即：实行政治挂帅，加强党的领导，大搞群众运动，实行两参一改三结合（两参：干部参加劳动，工人参加管理；一改：改革一切不合理的规章制度；三结合：领导干部、技术人员和工人为主的各种形式的三结合），不断开展技术革命和技术革新。此后，“鞍钢宪法”在全国范围内推广。

中华人民共和国成立之初，领导体制和生产经营管理模式均照搬苏联模式。在这个背景下产生的“鞍钢宪法”，标志着中国式企业管理经验的诞生，

具有重要的开创意义。当前，鞍钢正组织力量深入研究新时代“鞍钢宪法”。这对于推进国有企业高质量发展，转变社会公众对钢铁行业的认识，坚定钢铁人的文化自信和发展信心具有重要的意义。

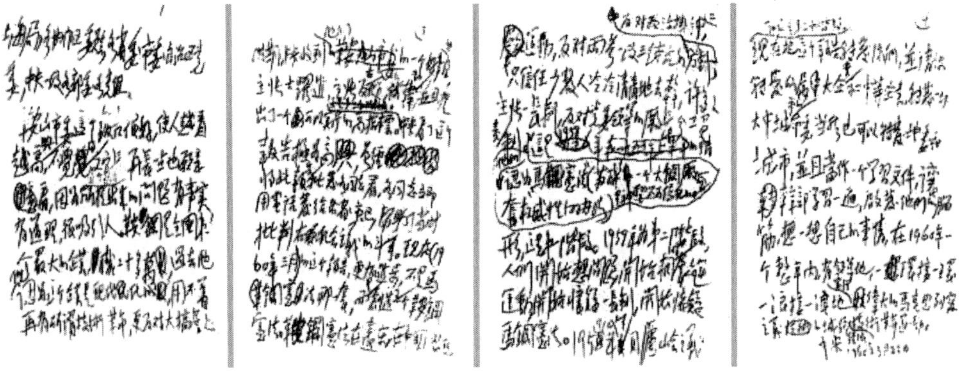

毛主席关于“鞍钢宪法”的批示手稿影印件（中国冶金报社提供）

第 2 个里程碑，是产生于计划经济向市场经济转轨期（1978 ~ 1992 年）的首钢承包制。

1978 年，党的十一届三中全会拉开我国改革开放的伟大序幕。早于国家相关政策的出台，1979 年 5 月 25 日，作为京津沪 8 个国企改革试点之一，首钢即开始实行承包制改革。难能可贵的是，首钢在这个期间积极探索经营机制的转换，先后创造性地采取打破“平均主义的三个百分百”（每名职工都必须百分之百地执行规章制度；出现违规违制，都要百分之百地登记上报；不管是否造成损失，对违制者要百分之百地扣除当月全部奖金）“取消干部、工人界限”等改革措施，探索出一套责任、考核、奖惩三结合的管理方式，一开干部能上能下之先河。首钢承包制所体现的解放思想、先行先试的创新意义，穿越时光给予今天的钢铁人以启迪。

第 3 个里程碑，是武钢走质量效益型道路。

武钢引进的“一米七”轧机工程投产之后，废品率一度居高不下。经过 3 年减少废品活动和 3 年产品质量升级活动，到 1989 年武钢明确提出了“走质量效益型发展道路”的发展战略。1992 年，国务院办公厅批转了武钢走质量效益型道路的报告，号召全国工交企业学习武钢。

武钢走质量效益型道路，是改革开放之初的中国钢铁企业，面对世界先

1987 年 8 月首钢承包制理论与实践研讨会（中国冶金报社提供）

进技术装备与粗放管理模式之间的矛盾而进行的一次自主变革，并且逐步摸索出了具有中国特色的现代化管理模式。直到今天，武钢的质量效益型道路仍然具有强烈的现实意义。

第 4 个里程碑，是产生于市场经济改革初期（1993～2001 年）的邯钢经验。

1993 年底召开的党的十四届三中全会，不仅第一次明确提出建立社会主义市场经济体制，而且明确提出建立适应市场经济要求，产权清晰、权责明确、政企分开、管理科学的现代企业制度。1993 年 12 月，《中华人民共和国公司法》颁布，企业开始迈向成为真正独立的法人实体和市场竞争主体的转型之旅。“不找市长找市场”，是这个时期钢铁企业的一种艰难转变。

模拟市场核算，实行成本否决。诞生于此时的邯钢经验针对国有企业走上市场的种种不适应，通过转变观念、“推墙入海”，充分调动了广大职工当家理财、精打细算、加强管理、深挖潜力的积极性，在全国掀起了一场企业管理模式的革命。从邯钢经验发展而来的“对标挖潜，降本增效”，至今仍是企业加强成本管理的有效方法。

人民日报

RENMIN RIBAO

第15585期（代号1—1）

1991年2月20日 星期三 辛未年正月初六

北京地区天气预报 白天 晴 风向 偏北 风力 三、四级 转五、六级 夜间 晴 风向 北 风力 五、六级 温度 最高 1℃ 最低 -8℃

人民日报社出版

国务院办公厅发出通知号召

学武钢走质量效益型道路

4条主要经验值得各地借鉴

新华社北京2月19日电 国务院办公厅日前发出通知，号召学习武汉钢铁公司走“质量效益型”企业发展道路的经验，努力提高管理水平，把我国产品质量的总体水平，提高到一个新的高度。

国务院办公厅在转发国家技术监督局、中国质量管理协会关于在全国开展学习武钢走“质量效益型”企业发展道路的报告的通知中指出，长期以来，产品质量低、物质消耗高、经济效益差已经成为制约我国国民经济发展的一个突出问题。切实加强管理，提高产品质量，坚持质量第一，是党和政府一贯的方针，是发展我国经济的健康之路。武钢依靠广大职工，十年来紧紧围绕发展品种，提高质量，加强各项基础工作，坚持科技进步，强化以质量为中心的经营管理，走出了一条投入少、产出多、经济效益高的质量效益型的发展路子，为国家做出了突出的贡献。推广武汉钢铁公司的经验，对于提高各级领导的质量意识，引导广大工业企业端正经营方向，正确处理质量、数量、效益的关系，保证国民经济长期持续、稳定、协调发展具有深远的意义。

国家技术监督局和中国质量管理协会认为，武钢走“质量效益型”企业发展道路的主要经验有四条：

一、把抓产品质量和服务质量提高到坚持社会主义方向的高度来认识，强调“重合同、讲效益、保质量、做贡献”，连续六年按质、按量、按期完成合同，坚持向质量要效益，以高质量的产品和高质量的售后服务在用户中树立了良好的信誉。

二、建立以质量为中心的经营管理战略和质量为核心的生产经营管理体系，把全面质量管理作为企业管理的中心环节，把产品从原料进厂到成品出厂全过程的所有相关工序、相关部门有机地组织起来，形成了一个责权分明，互相协调的有机整体，使影响产品质量、服务质量的各个因素都处于受控状态。

三、围绕质量不断进行技术开发和技术进步，把质量管理工作落实在实物质量的提高上。在技术改造中以提高质量为目标，积极采用新技术、新工艺，开发具有国际水平的新产品。抓质量方面先从抓降低废品率做起，继而采用国际标准和国际先进标准，后又瞄准国际同类产品实物水平进行追赶。现在武钢生产的硅钢片、汽车板、造船板等17个重点产品实物质量优于或接近先进国家的水平。

四、创建“质量优先”的企业精神，大力提高职工素质，创建以“质量彻底优先”为主要特征的企业文化，使全体职工有强烈的质量意识，采取了各种教育的、激励的措施，提高职工的质量意识，使之成为职工的价值观和行为准则。

国家技术监督局和中国质量管理协会认为，武钢的经验反映了我国企业生产经营的方向，具有普遍意义。学习借鉴武钢的经验，对企业由速度效益型向质量效益型转变将起到积极的作用。

《人民日报》刊文“学武钢走质量效益型道路”（中国冶金报社提供）

第5个里程碑，当推集现代化企业管理经验之大成的“宝钢之路”。

宝钢于1978年12月动工建设，1985年9月一期工程投产，历经40年创新发展，2016年和武钢联合重组成立中国宝武钢铁集团，产能规模达到7000万吨，居中国第一、全球第二，成为我国钢铁行业的“航母”“旗舰”。

1996 年，全国学习推广邯钢经验暨企业管理工作会议（中国冶金报社提供）

2016 年 12 月 1 日，中国宝武钢铁集团有限公司在上海揭牌成立（中国冶金报社提供）

“集中一贯的工厂化管理模式”“以作业长制为中心的基层管理”“企业管理以财务管理为中心”“实施全面预算管理”“制定标准成本管理制度”“坚持规范化、制度化的董事会运作模式”…… 40 年来，这些来自宝钢的管理“新名词”，不断汇入企业现代化管理的“词典”中。时至今日，宝钢现代化企业管理经验被总结概括为“宝钢之路”，即：始终遵循邓小平同志题词“掌握新技术，要善于学习，更要善于创新”的要求，坚持“严格苛求、学习创新、实事求是、与时俱进”的发展理念，与中国改革开放同行，引领行业技术进步，走出了一条引进、消化、吸收、创新的技术进步之路；始终对标世界一流，走出了一条质量效益型现代钢铁企业发展之路；融入全球市场竞争，走出了一条从工厂管理到集团化运营、国际化经营的重组改革之路；坚持绿色低碳制造，走出了一条节能环保、可持续发展之路；全面落实党建责任，走出了一条加强国企党建、发挥国企独特优势的实践之路。

第6个、第7个……第*N*个里程碑，属于所有锐意创新的钢铁人。

特别是在社会主义市场经济体制改革的大潮中，从1991年宝钢、鞍钢、武钢、攀钢成为组建大型企业集团试点，到1998年上海宝钢集团、湖南华菱钢铁集团等集团公司组建，再到完善社会主义市场经济时期（2002~2012年）山钢集团和河钢集团的组建、鞍钢重组攀钢；从1992年宝钢、武钢率先开展“精干主体，分离辅助”改革，到1997年16家冶金企业实施破产、38家冶金企业实施兼并，到1999年宝钢集团梅山公司成为冶金行业首家“债转股”试点企业，钢铁企业一批技改项目获得国家贴息贷款；从1993年马钢“中国钢铁第一股”横空出世，1994年天津钢管公司、太钢、本钢等12家企业进入现代企业制度试点名单，到进入21世纪，以沙钢、建龙、德龙等为代表的民营钢铁企业快速崛起，马钢、宝钢、武钢、鞍钢等钢铁上市公司陆续完成股权分置改革，武钢股份、宝钢股份、华菱管线等一批企业实现规范化整体上市，宝钢等企业建立完善以法人治理结构为核心的现代企业制度……钢铁企业在紧锣密鼓的转换经营机制，调整所有制结构，建立现代企业制度，实施“精干主体，分离辅助”改组、改制，通过兼并破产、增资减债推进国有企业扭亏脱困，推进股份制改造，推进现代产权制度改革，推进企业并购重组等持续深化的改革中，屡屡担负试点任务，逢山开路、遇水架桥，而没有试点任务的企业也同样大胆探索，不甘人后，共同为国家政策调整、制度创新提供实践依据。

70年丰碑赫赫。新中国钢铁人就是这样，用主人翁的责任担当和一往无前的首创精神，用一次又一次凤凰涅槃般的实践创新，有力推动了中国工业经济的发展。

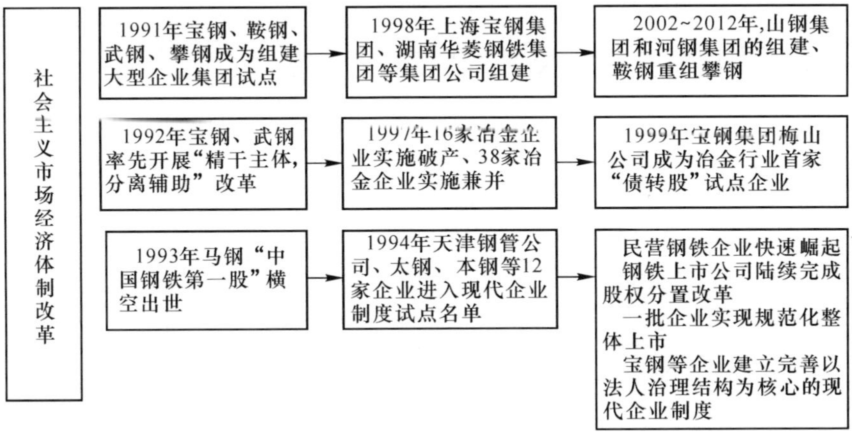

（中国冶金报社提供）

第二节　释放主体活力，钢铁企业四大转变前景可期

党的十八届三中全会通过了《中共中央关于全面深化改革若干重大问题的决定》，强调经济体制改革是全面深化改革的重点，核心是处理好政府与市场的关系，使市场在资源配置中起决定性作用和更好地发挥政府作用。党的十九大报告进一步指出，要着力构建市场机制有效、微观主体有活力、宏观调控有度的经济体制，不断增强我国经济创新力和竞争力。由此，钢铁企业着眼于完善现代企业制度，着眼于企业发展的动力变革、质量变革、效率变革，开启了新一轮深化改革、管理创新。其中 4 个方面的转变，尤其值得关注。

一、集团企业通过完善投资及资本管理机制，实现从产业经营到资本运营的转变

例如，中国宝武积极探索投资公司“以管资本为主”的运作模式，深化完善法人治理结构，同时优化健全权责对等、运转协调、有效制衡的决策执行监督机制。鞍钢通过压茬推进公司制改制、规范法人治理结构建设、构建完善战略管控模式下差异化管控体系、全面实施契约化经营等改革攻坚措施，基本构建了符合现代企业制度要求的管控模式、管控架构。山钢按照国有资本投资公司的功能定位，厘清管理边界，创新组织结构，初步搭建起“1 个国有资本投资公司+*N* 个产业子公司”的组织架构。

中国宝武集团	鞍钢集团	山钢集团
以"管资本为主"的运作模式	基本构建了符合现代企业制度要求的管控模式、管控架构	初步搭建起"1个国有资本投资公司+N个产业子公司"的组织架构

（中国冶金报社提供）

二、加强集团公司管控，深化三项制度改革，由"庞大臃肿"向精干高效转变

例如，首钢全面完成500万吨钢去产能任务，企业退出73家，闭合"失血点"62项；2015~2017年共转型分流6.8万人，钢铁企业实物劳动生产率提高60%。包钢2016年以来压缩集团总部职能部门50%、集团直属单位及各板块基层机构35%。沙钢在全集团范围内实施以投资、购销、人力、财务、技术等为要素的"三整合、五统一"，使集团的人员、资金、采购、销售等方面的资源配置得到了优化。

三、加快混合所有制改革，由股权结构单一向产权多元化转变

除沙钢入主东北特钢、建龙重整北满特钢等混合所有制改革实践外，中国宝武在一级子公司层面全面推进混合所有制改革；南钢摸索建立了适合现阶段的合伙人制，并按照"风险共担、成果共享"的原则进行效益分成，解决传统企业体制和机制在互联网时代的一系列矛盾与冲突；鞍钢、山钢、安钢等集团企业在推进旗下企业混合所有制改革方面也屡获突破。

四、优化企业的产业结构，从一业、一地为主，向主业与多元产业协同发展、产业布局更加合理转变

例如，中信泰富特钢集团先后收购青岛特钢、华菱锡钢，实现了从"沿江"到"沿江+沿海"产业布局的战略升级。河钢、马钢、华菱、本钢等一大批企业从战略高度擘画多元产业发展，大幅提高了企业竞争力。

在上述4个方面的转变背后，是我国钢铁企业在深化改革、创新管理的

2018 年，沙钢集团组织开展劳模先进代表赴东北特钢大连基地参观学习活动（中国冶金报社提供）

2018 年 6 月 22 日，中信泰富特钢集团隆重召开靖江特殊钢有限公司干部大会，宣布原华菱锡钢特殊钢有限公司正式更名为靖江特殊钢有限公司，加入中信泰富特钢集团（中国冶金报社提供）

方方面面已经和将要出台的大量措施，可谓“八仙过海，各显神通”。其施策的深度、出手的力度和已经产生的效果，都使我们相信，在可预见的未来，中国钢铁企业的市场主体活力将进一步释放。

第三节　提质升级，锻造世界一流企业

钢铁强国，一定是具有全球竞争力的世界一流企业支撑起来的。那么，从企业改革和管理的角度看，在已经开始的转变的基础上，我们应该从哪些方面入手，进一步塑造世界一流企业的竞争优势？

一、进一步加强创新能力建设，做创新型强企

企业的创新能力，既体现在研发投入等“硬件”上，也体现在创新文化等“软件”的建设上。而后者，更容易被企业忽视。太钢之所以能屡屡研发出世界顶尖产品，与其创新文化的落地密切相关。真正营造尊重人才、尊重知识、鼓励创新、宽容失败的创新文化，是离不开体制机制的深刻变革的。

太钢员工用手撕开 0.02 毫米厚的超薄带状不锈钢（中国冶金报社提供）

二、切实改善品种、提高质量，做质量效益型强企

尽管武钢走质量效益型道路的经验已推广 27 年，但我国钢铁企业仍存在产品同质化严重、部分关键品种依赖进口、质量稳定性有待提高等问题。这

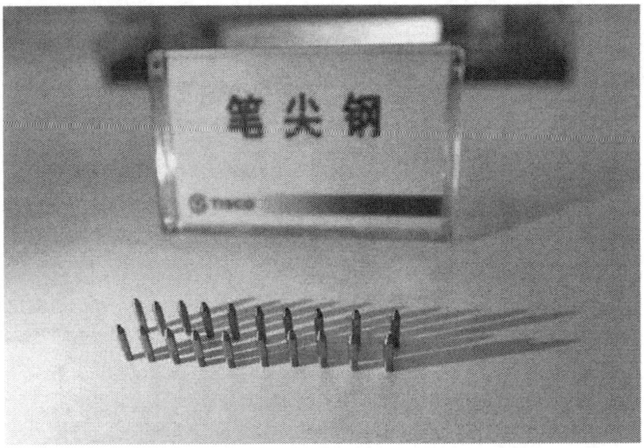

用太钢笔尖钢制造的圆珠笔笔头（中国冶金报社提供）

太钢创新工作室一角（中国冶金报社提供）

迫切需要我们不满足于现状，下决心通过挖掘设备潜力、强化工艺技术攻关、严格标准化操作等措施，全面提高和改进普通产品质量稳定性、可靠性、耐久性和一致性；全面构建钢铁产品质量持续改进体系，努力实现从普通、中端、高端产品到关键核心产品的全覆盖，加快形成质量竞争新优势。

三、加速实现由生产商向服务商的角色转变，做服务型强企

这是中国钢铁企业构建全球竞争力必不可少的转变。由制造商转为服务商，要求钢铁企业将为用户服务的理念深入到产供销研的全流程、各环节，

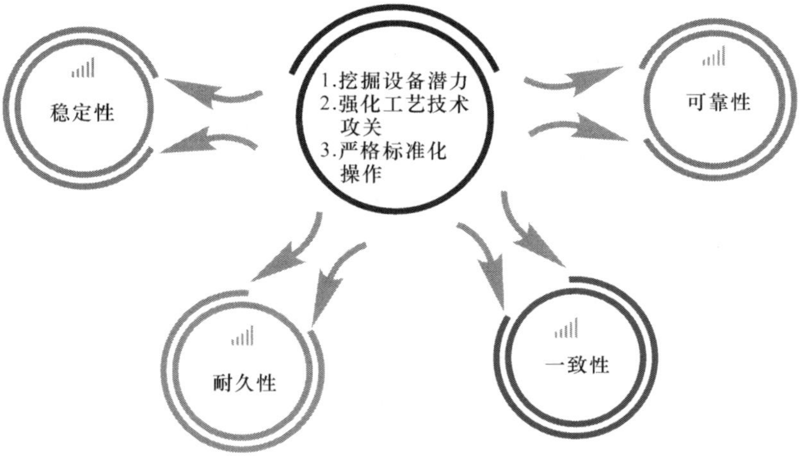

（中国冶金报社提供）

先期介入，为客户提供全方位、多层次的服务。在这方面，河钢集团推进客户端组织结构调整，让产线直面市场，以及与客户形成“你中有我，我中有你”协同关系的客户关系重构，值得其他企业借鉴。

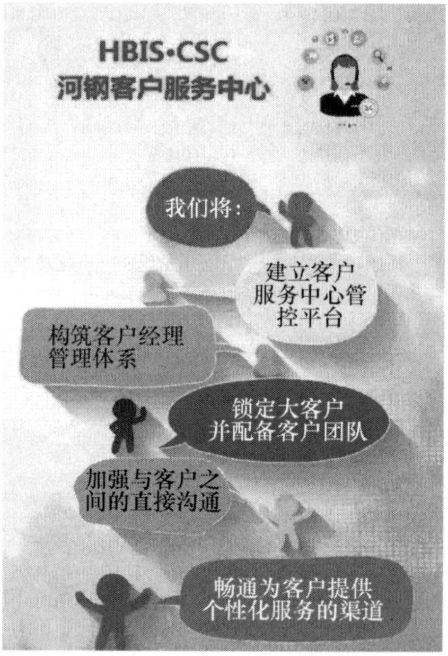

（中国冶金报社提供）

四、加强两化深度融合，做智慧型强企

工信部发布的《信息化和工业化融合发展规划（2016-2020）》提出，到2020年，全国两化融合发展指数要达到85。2018年，钢铁行业两化融合指数为51.2点，关键工序数控化率达到68.7%，整体处于起步阶段，且企业间差距很大。我们需要尽快制定出适合钢铁工业智能制造的发展路线图，在基础设施健全、标准体系构建、推动行业应用、人才队伍培养等方面全方位发力，加快推动智慧型钢企的建设。

（中国冶金报社提供）

五、依法合规经营，做法治型强企

党的十八大以来，以习近平同志为核心的党中央开辟出全面依法治国理论和实践的新境界。在这个全面依法治国的新时代，企业的法治化管理水平，成为核心竞争力的新内涵。仅从安全、环保、诚信3个方面来看，三者都是企业依法合规经营的本质要求，都是企业健康发展的“门槛”“红线”。如今，绝大多数企业已经形成了环保的“红线”意识，但侥幸心理仍然存在；而对安全、诚信这两条日益清晰的“红线”尚缺乏足够的重视。从打造世界一流企业角度看，我们不能等待“红线”成为“大限”之后再被动整改，而是要主动内化责任，加快推进由依法治企向合规管理的转变，夯实基业长青的根基。

六、迈上中高端，做国际型强企

进入新时代，中国建设现代化产业体系的要求，以及“一带一路”倡议

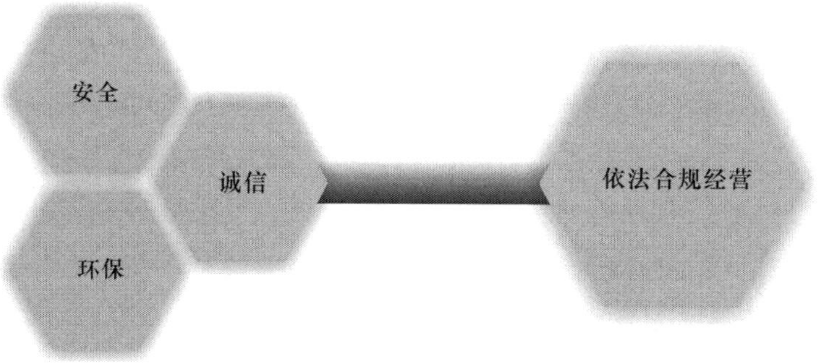

（中国冶金报社提供）

的提出，都要求我们必须加快培育国际竞争新优势，着力开展国际产能合作和提升国际化经营水平。目前，我们在国际化方面已然进行了很多积极的探索。未来，我们需要立足产业比较优势，着力构建钢铁产业生态圈，迈上全球价值链中高端。

大争之世，非优即汰；崛起之时，不进则退。70 年钢铁企业勠力改革创新的红利，为当下培育具有全球竞争力的世界一流企业提供了良好的基础和机会。当然，我们仍将承受改革之痛、创新之难。但是，克难攻坚之后，中国钢铁企业的活力将竞相迸发，站上世界钢铁产业发展的制高点。

第八章　怎样看待钢铁行业全面加强党的建设的作用和路径

扫码听书

70年来，中国钢铁人在党的领导下，前赴后继，走出了一条红色钢铁路。如今，中国钢产量占据世界钢产量的半壁江山，技术装备水平跻身世界一流，绝大多数钢材自给率超过100%，有力地支撑了中国经济的快速发展。历史证明，党的正确领导是中国钢铁工业70年辉煌的根本原因、最大逻辑。全面加强党的领导和党的建设，不忘初心、牢记使命，是中国号钢铁巨轮劈波斩浪、扬帆远航的最重要法宝。

第一节　党旗高扬映征程　钢筋铁骨写辉煌

回首中华人民共和国成立以来钢铁工业的发展历程，一方面，党建工作为全行业提供了强大的精神动力；另一方面，钢铁工业积累了党建工作的宝贵经验，丰富了党建工作的内涵。

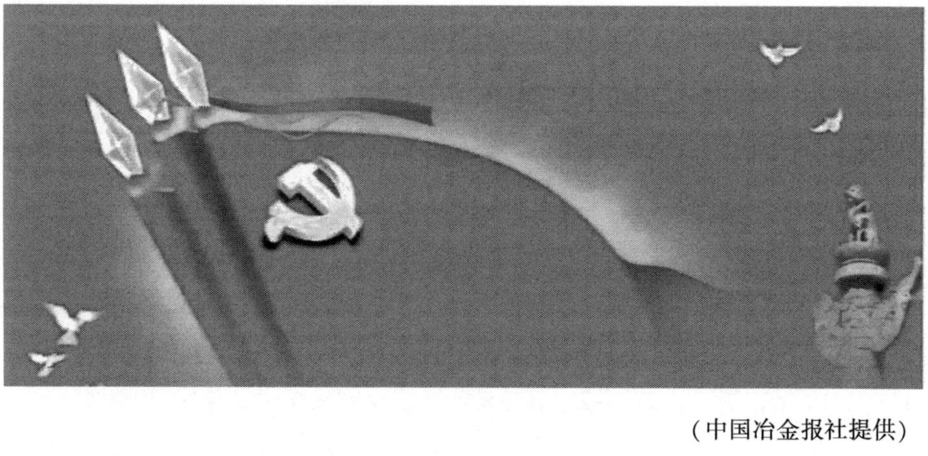

（中国冶金报社提供）

一、中国钢铁工业所取得的每一项成就、实现的每一步跨越，都离不开党的坚强领导

新中国成立伊始，党就把发展钢铁工业摆在突出、重要位置。1956 年，党的第八次全国代表大会在北京召开，做出了党和国家的工作重点必须转移到社会主义建设上来的重大战略决策。“二五”计划期间，冶金工业部根据中央精神提出了钢铁工业建设“三大、五中、十八小”（续建鞍钢、武钢、包钢 3 个大型钢铁基地，扩建、新建太钢、重钢、马钢、石景山钢铁厂、湘钢 5 个中型钢铁企业，新建邯钢、济钢、临钢、新钢、南京钢厂、柳钢、广钢、三明钢厂、合肥钢铁厂、长城特钢、新疆八一钢厂、杭钢、鄂钢、涟钢、安钢、兰钢、贵钢、通钢等 18 个小型钢厂）的战略部署，基本奠定了新中国钢铁工业的基础布局。之后的“大跃进”“大炼钢铁”，偏离了科学发展社会主义经济建设轨道，但发展钢铁工业的战略定位一直没有改变。

1978 年，党的十一届三中全会提出把全党工作重点转移到社会主义现代化建设上来，拉开了改革开放的大幕。中国钢铁人在党的领导下，从此迈开了赶超世界一流水平的步伐。

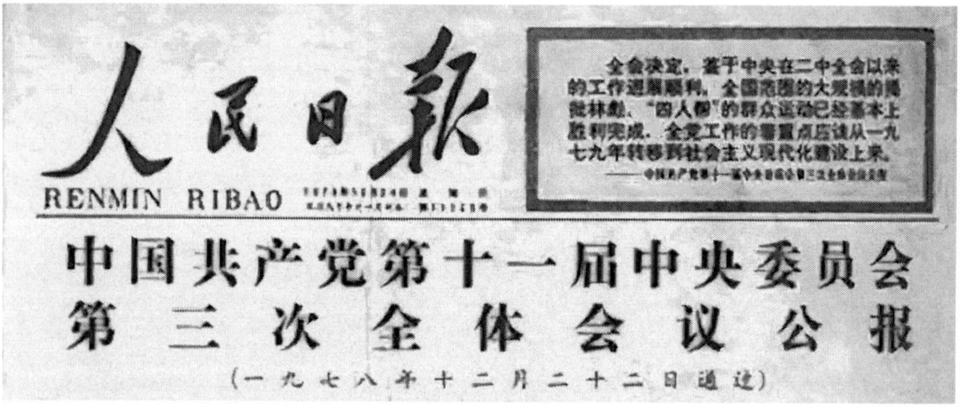
人民日报

RENMIN RIBAO

全会决定，鉴于中央在二中全会以来的工作进展顺利，全国范围的大规模的揭批林彪、“四人帮”的群众运动已经基本上胜利完成，全党工作的着重点应该从一九七九年转移到社会主义现代化建设上来。

中国共产党第十一届中央委员会
第三次全体会议公报

（一九七八年十二月二十二日通过）

（中国冶金报社提供）

20 世纪 90 年代，特别是在党的十四大明确建立社会主义市场经济体制的改革目标以后，我国经济体制改革进程加快。钢铁工业坚决贯彻落实党的方针政策，深化改革、锐意进取。整个 90 年代，钢铁工业结构调整之快、效果之显著超过以往任何一个时期。鞍钢、首钢等钢铁企业充分发挥党建工作的

导向、服务、教育和组织作用，采取切实措施，稳定和健全了精干的政工队伍，培养了干部和党员的公仆精神、服务意识和廉洁风尚，有效地发挥了党建工作在企业中的向心力、凝聚力、协调力作用。

进入21世纪，广大钢铁企业掀起学习“三个代表”重要思想的热潮。这一时期钢铁行业的党建经验，当以宝钢党委持续开展“三高一流”（党员的觉悟要高于群众、技能要好于群众、业绩要优于群众，建设一流党员队伍）活动为代表。

党的十八大以来，全国钢铁企业深入学习贯彻落实习近平新时代中国特色社会主义思想和党的路线、方针、政策，为企业转型升级实现高质量发展提供了强大的政治思想保证和不竭的精神文化动力。这期间，我们经历了化解过剩产能的阵痛，经历了绿色可持续发展的蜕变，战胜了看似不可战胜的困难，办成了许多过去想办而没有办成的大事。梳理其中的经验，“根本的一条就是我们始终坚持中国共产党的领导”。

二、在70年的征程，钢铁行业英模辈出，烛照史册

70年，中国钢铁人以建设钢铁强国为己任，代代英模辈出，既为钢铁工业的发展积淀了宝贵的精神财富，也汇聚成为社会主义核心价值观的钢铁元素。

在社会主义建设那段激情燃烧的岁月里，从城市到乡村，从戈壁荒滩到高山峡谷，钢铁人在旧中国千疮百孔的土地上，奠定了拥有3500万吨产能的新中国钢铁之基。在艰苦创业中，钢铁行业涌现出了“老英雄”孟泰、被誉为“走在时间前面的人”的王崇伦、“勇攀高峰”的马万水工程队等一大批闻名全国的英雄模范。

孟泰同志（中国冶金报社提供）

在改革开放那个钢铁企业脱胎换骨、凤凰涅槃的时代，涌现了“工人阶级主人翁”——李双良、“中国知识分子的光辉典范”——曾乐、“改革先锋”“国企改革‘邯钢经验’的创造者”——刘汉章等一批党员先锋模范人物，流传

王崇伦同志（中国冶金报社提供）

马万水同志（中国冶金报社提供）

出鞍钢共产党员集资买煤帮助企业渡过难关、重钢共产党员带领职工开辟转岗再就业“第二战场”等一批脍炙人口的感人故事。

现如今，“当代雷锋”——郭明义的事迹已家喻户晓。从王军、李刚、郑久强、周文涛、姜和信、江波、吕涛、牛国栋等一大批大国工匠、全国劳动

李双良

曾 乐

刘汉章

郭明义

王 军

李 刚

郑久强

周文涛

姜和信

江 波

吕　涛

牛国栋

李　超

河钢塞钢管理团队

（中国冶金报社提供）

模范，再到分别于2015年、2019年获得中宣部“时代楷模”称号的李超、河钢塞钢管理团队……新一代钢铁人集结在党的旗帜下，薪火相传，生生不息，继续谱写着钢铁精神的时代赞歌。

第二节　党建融入添动力　铸“根”塑“魂”聚人心

党的十八大以来，面对世界经济复苏乏力、局部冲突和动荡频发、全球性问题加剧的外部环境，以及我国经济发展进入新常态等一系列深刻变化，钢铁行业坚决把党的政治建设摆在首位，深入学习贯彻习近平总书记系列重要讲话精神，不断增强“四个意识”，坚定“四个自信”，做到“两个维护”，坚定不移贯彻党中央的决策部署，深入开展供给侧结构性改革，以壮士断腕的勇气化解过剩产能，迎来了行业发展的崭新局面。这期间，钢铁企业党建工作与中心工作有机统一，为企业深化改革提供了强大的政治思想保证。这一点，在以下4个方面得到了集中体现。

一、在推进供给侧结构性改革进程中，企业党建工作发挥了暖人心、稳人心、聚人心的积极作用，为化解过剩产能营造了和谐稳定的环境

为打胜这场化解过剩产能的攻坚战，各大钢铁企业把思想和行动统一到中央精神上来，牢牢把握以人民为中心的工作导向，普遍制订了具体详细的实施方案，在3年化解1.5亿吨过剩产能的同时，分流安置近50万名职工，彰显了党组织工作的宗旨，发挥了思想政治工作引领、服务、凝聚和保证的作用。

杭钢在关停半山钢铁基地400万吨产能的过程中，科学制订分流安置方案，加强宣传舆情把控，做好政策宣传解读，充分发挥党的思想政治工作“减压阀”“稳定器”的作用，平稳有序分流安置职工1.2万人，被业界誉为“杭钢奇迹”。

2015年12月22日，经历了半个多世纪，承载了许多人青春记忆的杭钢半山钢铁基地永久关停（中国冶金报社提供）

杭钢半山钢铁基地部分员工合照（中国冶金报社提供）

二、在企业运营面临严峻挑战时，钢铁企业党组织将党建工作的视角、触角、抓手向生产经营一线延伸，促进了企业运营绩效全面提升

近年来，面对新旧动能转换带来的前所未有的压力，钢铁企业把思想政治工作融入生产经营全过程，与中心任务同步谋划、同向发力，彰显了独特优势。例如，2019 年 4 月，鞍钢集团公司党委发起“解放思想、开放变革，建设高质量发展新鞍钢”大讨论，聚焦高质量发展的重点和难点任务、聚焦短板和突出问题、聚焦体制和机制障碍，汇聚起改革发展的强大力量。包钢从 2018 年 6 月开始进行“保持工人阶级本色”专题教育，成为传承红色基因、发扬工人阶级伟大品格的生动实践。

鞍钢日报

ANSTEEL DAILY

习近平会见吉布提总统盖莱

关于开展“解放思想、开放变革，建设高质量发展新鞍钢”大讨论活动的安排意见

2019 年 4 月，鞍钢集团公司党委发起“解放思想、开放变革，建设高质量发展新鞍钢”大讨论（中国冶金报社提供）

三、坚持党对国有企业领导，进一步铸牢“根”和“魂”

贯彻习近平总书记在全国国有企业党的建设工作会议上的重要讲话精神，国有钢铁企业在全面深化改革中，落实“两个一以贯之”要求，厘清了党委和董事会的关系，把党组织内嵌到公司治理结构之中。例如，宝武集团把坚持党的领导与完善公司治理统一起来，明确“三重一大”事项作为重大事项履行前置程序，确保“把方向、管大局、保落实”。首钢坚持完善“双向进入、交叉任职”领导体制，修订《首钢领导人员选拔任用工作制度》，明确基层党委会、董事会、监事会、经理层职数要求和选拔任用方式，系统加强基层领导班子建设。

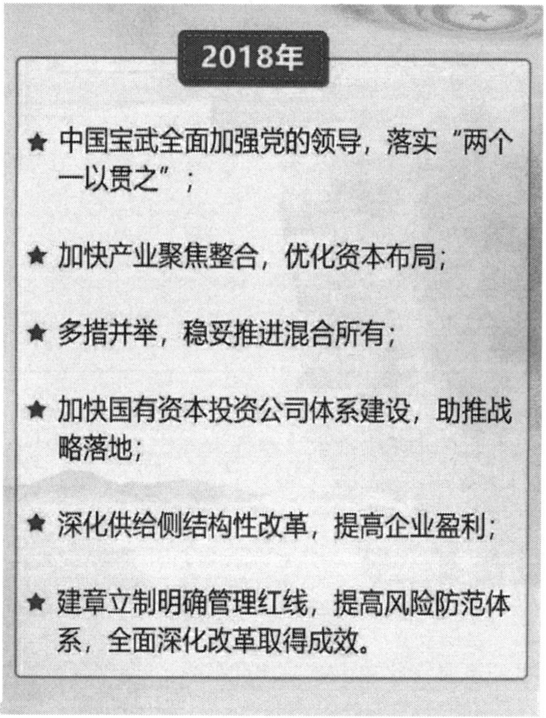

（中国冶金报社提供）

四、自我革新、永葆先进，党的建设工作蓬勃开展，活力迸发

党的十八大以来，我国钢铁企业积极探索、大胆实践，创建出一批党建典型经验。比如，2016 年 10 月，在全国国有企业党的建设工作会议上，安钢

集团做了“实行‘四个三’党建工作法为企业解危脱困转型发展提供动力保证”的典型发言，成为行业学习的榜样，多家单位到安钢参观学习；鞍钢党委扛起管党治党主体责任并制订了《建设鞍钢廉洁地图指导意见》；马钢独创了“矩阵式党建”工作法；华菱湘钢则大力培育“以奋斗者为本”的核心价值观，为企业改革发展凝聚起强大正能量等。

安钢集团公司党委书记、董事长李利剑做“实行‘四个三’党建工作法为企业解危脱困转型发展提供动力保证”的典型发言（中国冶金报社提供）

值得一提的是，占钢铁行业半壁江山的非公有制钢铁企业，同样十分重视党建工作，形成了特有的工作方法。沙钢95%以上基层分厂和处室领导班子都实行交叉任职，党建工作与行政工作互动并进，优势互补；南钢党委实施卓越党建模式，使党建工作更加贴近经营管理、贴近生产现场、贴近员工群体；德龙钢铁党委持续开展“党员责任区”“党员示范岗”“党员示范林”“大学习、大讨论、大教育”等一系列活动，凝聚了人心，催生了动力，焕发了斗志。

第三节　不忘初心担使命　继往开来再出发

党的十九大宣示中国特色社会主义进入新时代。

在这个新时代，我们要继承和发扬中国钢铁人勇于担当使命、勇于自我革命、勇于探索创新的光荣传统，发挥党的领导这一“最大优势”，为钢铁行业继续滚石上山、爬坡过坎注入新的精、气、神。

一、要进一步推进“互联网+”与党建工作的有机结合，创新方式、引领导向

习近平总书记非常重视互联网的使用，多次发表重要讲话，为党建工作怎样用好互联网带来的重大机遇指明了方向。一方面，企业各级党组织要“学会通过网络走群众路线”，学习、借鉴一些钢铁企业构筑互联网理论学习平台，开展“网上练兵”“网络问企”活动等生动活泼的经验，推动党建工作向基层群众延伸，构建网上、网下同心圆；另一方面，我们要“创新改进网上宣传”，既要发挥好企业网站、微信等企业自媒体作用，快速传播、先发先入、引导认知，又要用好行业主流舆论阵地和相关媒体资源，以高站位、大手笔强势宣传、引领舆论。最近，中国钢铁工业协会拟成立宣传交流工作

2014 年 3 月 17 日，莱钢板带厂举行职工网上练兵启动仪式。图为该厂团委、工会作为参加莱钢职工网上学习系统的主要负责部门，正在就职工网上学习系统有关要求做详细的安排和部署。2016 年，中国机冶建材工会决定在全国钢铁行业职工中开展“职工网上练兵”活动。2016 年 4 月 8 日，这套系统在莱钢正式启动，并在钢铁行业全面推广（中国冶金报社提供）

委员会，目的就是加强全行业宣传体系建设，大力弘扬主旋律，广泛凝聚正能量，推动全行业学习贯彻习近平新时代中国特色社会主义思想往深里走、往心里走、往实里走。

二、把坚持党的全面领导与聚焦问题求实效结合起来，用党的建设引领钢铁行业克难攻坚，实现高质量发展

"办好中国的事情，关键在党。"在建设钢铁强国的新征程上，我们同样离不开党建工作的保驾护航。比如，新兴铸管开展的"党建+"品牌建设项目，通过各级党组织申报党建品牌项目主题，实现党建工作与生产经营工作跨界融合，带动企业经营业绩的不断提升。这样的经验值得行业和企业借鉴。通过"党建+"赋能绿色发展、自主创新、结构调整、管理创新、构建钢铁产业生态圈等，有助于我们内化新发展理念，形成合力、激发活力，释放无限潜能，推进各项工作高质量开展。

在以党员为核心的首钢国家级技能大师工作室——刘宏技能大师工作室里，从事焊接技能操作及焊接工艺技术研究工作20多年的刘宏（右二）正跟同事一起分析焊缝成型情况（中国冶金报社提供）

三、坚持党管干部、党管人才原则，聚天下英才而用之，奠定钢铁强国的人才基础

应该说，高素质人才的缺失，制约着我国钢铁行业的高质量发展，今天的我们比以往任何时候都需要培养造就一支忠诚、干净、担当的党员领导干部队伍，一支高素质的专业化人才队伍。党管干部、党管人才，既是我们坚持正确选人用人导向、匡正选人用人风气的原则性要求，也为我们加长人才“短板”注入了新的动能。在这方面，企业党组织要加强领导，统筹规划，通过改革体制机制、健全企业文化，为党政人才、经营管理人才、创新型人才、技能型人才、国际型人才、领军型人才等各类人才，搭建干事创业的广阔舞台，形成人才与企业共同成长的生动局面。

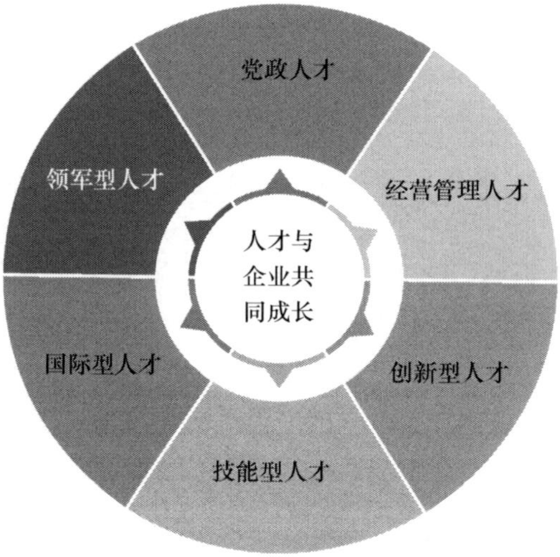

（中国冶金报社提供）

四、在传承钢铁行业优秀文化的基础上，进一步涵养创新、共赢、科学、法治的文化基因，激活企业高质量发展的原动力

回首70年的砥砺奋进，作为大国重器、钢铁脊梁，中国钢铁人有着强烈的为国奉献的主人翁精神，勇于担当使命、勇于自我革命、勇于探索创新，是我们行业的精神特质、文化传承。进入新时代，打造新钢铁，就一定要将习近平治国理政新理念、新思想、新战略内化为我们的文化自觉，在继承和

发扬钢铁行业光荣传统的同时，深植创新的文化、共赢的理念，弘扬科学和法治的精神，完成新时代的新使命。

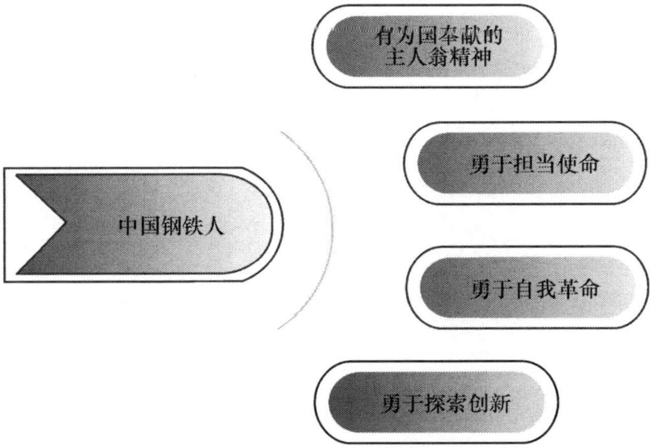

（中国冶金报社提供）

2013 年 7 月，习近平总书记在西柏坡学习考察时指出，“党面临的‘赶考’还远未结束”。今天，站在新中国成立 70 周年这个辉煌的历史节点上，回首过往，展望未来，我们更要清醒地认识到，钢铁行业全面加强党的领导和党的建设，建成钢铁强国的“赶考”，也远未结束，不断满足人民日益增长的美好生活需要，永远在路上。

附　录

附录 1　钢铁行业全国两会部分代表、委员合影

2019 年 3 月 3 日全国政协十三届二次会议开幕以来，来自钢铁冶金及相关行业的委员们，以饱满的政治热情、强烈的使命意识，为中国钢铁工业的健康发展积极建言献策。在大会闭幕前夕，来自钢铁及相关行业的委员们（从左至右依次为：李利剑、高峰、刘明忠、谢建新、何文波、张少明、李卫、孙朝晖）在人民大会堂前合影留念

2019 年 3 月 5 日全国人大十三届二次会议开幕以来，来自钢铁冶金行业的代表们，建真言、谋良策、出实招，体现了强烈的责任担当，展现了昂扬向上的精神风貌。闭幕会前夕，来自钢铁冶金及相关行业的部分代表们（从左至右依次为：谢生瑞、李刚、江勇、袁伟霞、李世平、黎立璋、周文涛、鲍守坤、程并强、高祥明、曹志强、朱小坤、陈继壮、侯军、叶新华、夏文勇、张志祥、温菲、张学政）在人民大会堂前合影留念

（附录 1 照片由中国冶金报社提供）

附录 2　钢铁行业庆祝新中国成立 70 周年座谈会现场

扫码看现场视频

2019 年 9 月 7 日，中国钢铁行业庆祝中华人民共和国成立 70 周年座谈会会场

十六届、十七届中央政治局委员，中共北京市委原书记，原冶金工业部部长刘淇在钢铁行业庆祝新中国成立 70 周年座谈会上

2019 年 9 月 7 日召开的钢铁行业庆祝新中国成立 70 周年座谈会上，与会嘉宾正在观看徐匡迪讲话视频

第十二届全国人大常委会副秘书长、机关党组书记，原冶金工业部副部长、原冶金工业局局长王万宾在钢铁行业庆祝新中国成立 70 周年座谈会上即兴讲话

中央统战部副部长，中华全国工商业联合会党组书记、常务副主席徐乐江在钢铁行业庆祝新中国成立 70 周年座谈会上

2019 年 9 月 7 日，中国钢铁工业协会党委书记何文波主持钢铁行业庆祝新中国成立 70 周年座谈会

2019 年 9 月 7 日，在钢铁行业庆祝 70 周年座谈会上，在中国钢铁工业协会的见证下，15 家钢铁企业联合签署并共同发布《中国钢铁企业绿色发展宣言》。图为签署人员合影留念

2019 年 9 月 7 日，参加钢铁行业庆祝中华人民共和国成立 70 周年座谈会的与会嘉宾合影留念

（附录2照片由中国冶金报社提供）

附录 3　新中国钢铁 70 年画卷

1948 年 2 月 19 日鞍山解放后，为了更好地加强对“钢都”恢复和建设工作的领导，中共鞍山市第三届委员会很快就组织起来了。1949 年 7 月 9 日，鞍钢在“大白楼”前举行了隆重的开工典礼。图为开工典礼现场

1950 年，为响应国家号召，积极参加石景山钢铁厂（1958 年 8 月更名为石景山钢铁公司，1966 年 8 月更名为首都钢铁公司，1992 年 3 月更名为首钢总公司，2017 年 6 月更名为首钢集团有限公司）建设的职工

20 世纪 50 年代的鞍山钢铁公司，钢铁产量一度占据了全国钢铁产量的“半壁江山”，被誉为钢铁行业的“共和国长子”。图为 1951 年拍摄的鞍钢炼铁厂外景

新中国成立初期，为支援抗美援朝战争，给即将到来的大规模工业化建设做好充分的物质准备，一场大规模的增产节约运动在全国开展起来。在增产节约运动中，天津钢厂线材部于 1952 年 2 月份创造了 27 项新纪录，产品一级品率达到百分之百。图为天津线材部工人刘长福因超额完成增产节约计划，而登上《人民画报》1952 年第 4 期封面

1953年10月27日，鞍钢无缝钢管厂生产出了中国历史上第一根无缝钢管（如图）。鞍钢无缝钢管厂1952年7月14日正式动工建设，1953年10月31日提前完工，全部移交生产部门。它是当时闻名全国的鞍钢“三大工程”之一，被誉为新中国无缝钢管的“摇篮”

孟泰是新中国成立后第一代全国劳动模范。在国民经济恢复时期，他带领班组工人跑遍十里厂区，收集了大量废旧材料，建成著名的孟泰仓库，为鞍钢第一座炼铁高炉修复出铁做出了重大贡献。图为1954年第5期《人民画报》封面上，正是孟泰和技术员检查大修后高炉的场景

1955 年 1 月，中国在莫斯科接收了苏联承担的武钢设计方案。1955 年 6 月，国家正式批准了武钢第一期工程的初步设计，从此武钢建设进入了紧张的施工阶段。图为武钢 1 号高炉开工典礼现场

1956 年 9 月，本钢 1 号高炉竣工前夕，解放军同志们前来协助清理施工当中拆除的障碍物。图为清理现场

1957 年 11 月，雷锋告别家乡湖南省望城县到鞍钢当工人。他途经北京时，在天安门前激动地留下这张照片

1962 年，江西新余钢铁厂认真贯彻党和国家“调整、巩固、充实、提高”八字方针，做好基建工程维护、转炼锰铁、精简职工等方面的工作，在当年摘掉了亏损帽子。图为该厂锰铁冶炼时的场景

1963 年 11 月 18 日，由冶金工业部武汉建设公司承建的马鞍山轮箍厂成功试轧出我国第一个轮箍

1964 年 12 月 24 日，新中国第一座30吨氧气顶吹转炉在石钢（首钢）诞生。这是我国在没有从国外引进任何软件、硬件的情况下，自主建设的当时最先进的炼钢转炉，揭开了我国转炉炼钢的新篇章。图为石钢（首钢）职工进行钢锭浇铸

1966 年 8 月，当时全国最大的煤气站——太钢中心煤气站建成投产。图为太钢中心煤气站外景

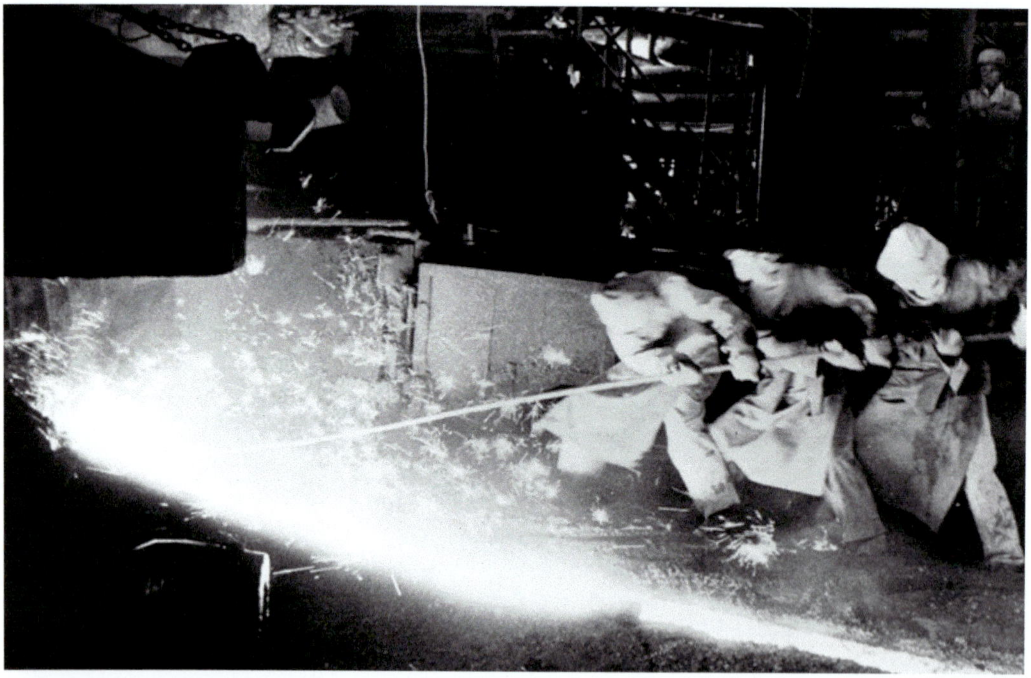

20 世纪 60 年代，鞍钢提出要创“四朵大红花”（红矿浮选回收率超美国、高炉高压低消耗、双床平炉炼低合金钢、轧钢要创世界水平）。图为 1967 年鞍钢炼铁厂 9 号高炉出铁场景

1968年5月，河北石家庄钢厂将6号55立方米高炉（今河钢石钢2号高炉的位置）改造修复后复产

20世纪60年代我国加大电炉钢的生产。1969年3月，从瑞典引进的50吨电炉在太钢建成投产。图为太钢电炉钢生产场景

1970 年，湘钢（现属于华菱集团）1 号 200 吨倾动式平炉建成投产，结束了湘钢作为一个中型钢铁联合企业建厂 10 余年不能炼钢的历史，真正实现了湘钢铁、钢、材全流程生产。图为 1970 年湘钢平炉投产庆功大会

1971 年攀枝花朱家包包铁矿狮子山万吨级大爆破成功起爆。这次爆破共用炸药 10162.20 吨，爆破岩石 1140 万立方米，是迄今为止我国矿山建设史上最大的一次爆破，为攀枝花的开发建设立下了功劳。其实，早在 1940 年，常隆庆、汤克诚、刘之祥、李善邦、陈正等中国地质学者，就认定这里是一个储量在千万吨以上钒钛磁铁矿矿床

20 世纪 60 年代，唐钢（现属于河钢集团）先后对炼铁、炼钢和轧钢系统进行改造和建设，提高了装备水平和生产能力。1972 年 8 月 14 日，经河北省革命委员会批准，唐山钢厂更名为“唐山钢铁公司”。到 1972 年底，唐钢工业总产值实现 29878 万元。图为唐山钢铁公司成立大会现场

1973 年，南京长江大桥通车 5 年后，途经的货运火车全部经大桥过江，结束了部分货运火车由轮船摆渡过江的历史。据悉，南京长江大桥建设共使用 6.65 万吨钢材，大桥主桥结构钢梁用钢全部由鞍钢研制生产，钢梁总重 3.158 万吨，均使用鞍钢研制生产的 16Mnq 低合金高强度钢。图为 20 世纪 70 年代拍摄的南京长江大桥全景

1974 年 9 月 7 日，武钢（现属于中国宝武集团）一米七轧机工程破土动工。该工程是武钢从联邦德国、日本引进成套设备的工程项目，中国一冶承担了部分项目施工建设。图为开工奠基现场

1975 年 2 月，冶金系统第一个“三八”女子电炉班在大连钢厂（现属于东北特钢集团）第一炼钢车间召开班前会，炉长李桂凤（右）与女炼钢工们研究当日生产情况。“三八”女子电炉班共有 24 人，分为甲、乙、丙 3 个班组，实行三班制作业

1976 年 7 月 28 日，唐山发生历史罕见的大地震，唐钢（现属于河钢集团）设备被严重破坏，资产损失三分之一。唐钢人仅用 28 天就炼出了“抗震志气钢”，同年 11 月底唐钢全面恢复生产。图为唐钢职工庆祝抗震救灾炼出第一炉钢场景

1977 年 12 月 2 日，济钢（现属于山钢集团）炼铁车间 4 号 255 立方米高炉建成投产。1977 年 2 月 11 日，冶金工业部要求鞍钢、武钢、包钢、太钢、首钢、马钢、酒钢、湘钢、昆钢、济钢等重点企业，着手制订全面恢复生产的方案。图为济钢高炉群

1978年12月23日，宝钢工程正式动工。图为该公司打下第一根桩时的情景

1979年5月，冶金工业部召开钒钛磁铁矿高炉冶炼技术鉴定会。我国首创的这项新工艺超过世界先进水平，获得国家发明一等奖。图为1979年攀钢（现属于鞍钢集团）高炉冶炼钒钛磁铁矿场景

20 世纪 80 年代北满特钢轧钢生产线

冶金报

YE JIN BAO

1980年7月

1

星期二

第738期

冶金工业部

关于恢复出版《冶金报》的通知

冶金工业部

一九八〇年六月十五日

坚持挖潜　继续前进

深入贯彻调整方针　增产短线产品　提高质量　扩大品种

钢铁企业坚持挖潜　上半年再创新水平

挖掘内部潜力　狠抓矿山调整　广开产销门路

有色金属生产超额完成上半年任务

（有色司综合处）

首创用普通高炉冶炼高钛型钒钛磁铁矿新工艺

今天是攀钢出铁十周年

组织各方力量努力建好宝钢

国家建委在上海召开宝钢建设第二次协作会议

1980 年 3 月 5 日，冶金工业部向国家经委提交了拟于 1980 年 7 月 1 日恢复出版《冶金报》的请示报告。图为 1980 年 7 月 1 日，复刊后的第一期《冶金报》

1981 年 12 月 18 日，国务院清理基本建设在建项目办公室批复，同意舞阳钢铁公司（现属于河钢集团）恢复建设。图为国产第一套特厚板轧机在河南舞阳钢铁公司投产祝捷大会现场

1982 年 2 月 11 日，国家计委、国家经委、财政部同意“六五”期间对酒泉钢铁公司进行配套建设。图为正在建设中的酒钢炼钢连铸项目现场

1983 年 9 月 17 日，太钢第三炼钢厂 18 吨不锈钢氩氧炉外精炼炉（AOD）正式投产。图为该厂氩氧炉外精炼炉生产场景

1985 年 2 月 1 日，河南安阳钢铁厂更名为河南省安阳钢铁公司。图为 1985 年安钢第二炼钢厂浇铸钢锭的生产场景

1986 年 3 月 23 日，昆明钢铁公司第一炼钢厂改造工程开始施工。该工程包括新建 6 吨氧气顶吹转炉 2 座、300 吨混铁炉 1 座，以及相应的辅助设施。图为 1986 年正在施工中的昆钢第一炼钢厂改造工程

1979 年，首都钢铁公司开始实行上交利润包干。1979 年、1980 年该公司实行一年一包，1981 年实行基数包死，超包全留。该公司从 1982 年起，实行上交利润递增包干，成为当时国企改革的先行者。在企业内部，首钢实行了责、权、利为一体的经济责任制。图为 1987 年 8 月首钢承包制理论与实践研讨会现场

1987 年 8 月 22 日，冶金工业部决定投资 350 万元，在承钢（现属于河钢集团）炼钢厂建立顶底复合吹炼试验基地。图为承钢 40 吨转炉顶底复合吹炼试验现场

1988年3月24日，凌源钢铁厂与位于辽宁省北票市宝国老镇韩古屯村的保国铁矿合并，改名为凌源钢铁公司。图为凌源钢铁公司成立大会现场

1989年12月，安钢在全国58家地方钢铁企业中率先实现年产百万吨钢

1990 年，鞍山钢铁集团公司生产经营出现困难，图为鞍钢工人正在进行生产经营大讨论

1990 年，济钢 13 吨转炉不停产改造为 25 吨转炉，次年实现年产 100 万吨钢，成为山东省第一家百万吨级钢铁企业。图为改造现场

1992 年 12 月 2 日，江苏沙钢集团在张家港市正式成立。1992 年沙钢集团已能生产 9 个系列 35 种规格的窗框钢，成为国内最大的窗框钢生产基地

1993 年 11 月 3 日，马钢 H 股在香港联交所上市。图为马钢 H 股上市前举行的记者招待会

1993 年 12 月 3 日，由香港中信泰富投资控股的合资企业——江阴兴澄钢铁有限公司举行合同章程签字仪式。图为签字仪式现场

1994 年，马钢股份上市，职工踊跃认购马钢股票

1995 年唐钢（现属于河钢集团）实现了全连铸生产，彻底结束了延续 50 多年的模铸钢锭历史，成为全国十大钢厂中率先实现转炉炼钢全连铸的企业

1996 年 2 月 29 日 ~ 3 月 2 日，全国学习推广邯钢经验暨企业管理工作会议在邯钢召开。图为会议现场

1997 年 11 月，经湖南省人民政府批准，湖南三大钢铁企业湘潭钢铁集团有限公司、涟源钢铁集团有限公司、衡阳钢管厂（均创建于 1958 年）联合组建湖南华菱钢铁集团有限责任公司。图为授牌仪式现场

1998 年 7 月 4 日，马钢万能型轧机轧出了第一根大 H 型钢，并全线贯通，为马钢大 H 钢投入试生产创造了条件。图为万能型轧机轧出的第一根大 H 型钢

1999年3月，国家“九五”重大技术装备研制项目——鞍钢新轧1700毫米中薄板坯连铸连轧生产线破土动工。该项目是我国第一条依靠自己力量研制的中薄板坯连铸连轧生产线，全线国产化设备达99.5%。图为建成的1700毫米轧机正在稳定运行

2000年9月，太钢50万吨不锈钢改造工程全面开工。项目建成投产后，太钢形成年产100万吨不锈钢的能力，进入世界不锈钢10强行列。图为50万吨不锈钢工程改造后外景

2001 年 12 月 28 日上午，我国最后一座平炉在包头钢铁（集团）公司关停。包钢 1 号平炉既是包钢第一座也是我国最后一座大型平炉。图为平炉关停仪式现场

2002 年 5 月，宝钢马迹山港接靠首条铁矿石外轮。图为巴拿马籍 32 万吨特大型矿石散装运输船“埃米尔”号巨轮安全停靠在宝钢马迹山港

2003年初，首钢总公司第一炼钢厂燃烧了40年的3座转炉熄火停产。图为该厂工人在停产时望着慢慢熄灭的炉火

2004年12月29日，攀枝花钢铁集团轨梁厂成功轧制出中国首支100米长尺钢轨。图为轧制现场

2005 年 3 月 1 日，由中冶集团宝冶建设承建的宝钢“十五”重大项目——5 米宽厚板轧机一期工程热负荷试车成功。当时，建设 5 米级宽厚板轧机在我国是第一次

2007 年，北京 2008 年奥运主体育场“鸟巢”工程先后获评全球在建的十大建筑工程之一和 2007 年世界十大建筑奇迹之一，为世人瞩目。“鸟巢”使用的钢结构总用量为 4.2 万吨，其中 Q460 规格的钢材的使用也是我国在建筑结构上首次使用。图为正在建设中的“鸟巢”工程

2008年10月8日上午9时，随着最后100多吨铁水缓缓流出，始建于1941年的本钢3号高炉，悄然退出60多年炼铁生产历史舞台，本钢在全国率先关停了1070立方米炼铁高炉。图为高炉最后一炉铁水缓缓流出时的场景

2008年，鞍钢鲅鱼圈钢铁公司投产，图为鲅鱼圈厂区一角

华菱集团开行业先河，2009 年以 8.95 亿元成功收购 FMG（澳大利亚新兴矿业企业）17.34% 的股权，成为国内首家与境外大型矿业公司开展股权投资战略合作的企业。图为 FMG 运输码头

近年来，中信泰富特钢集团江阴兴澄特种钢铁有限公司，累计投入 65 亿元资金用于环境保护，在人与自然和谐共处的前提下，倡导节能减排，坚持绿色发展，积极主动地承担企业对国家、社会、员工的责任。 行走在该公司滨江厂区，看到的是蓝天碧水，绿树成荫，天鹅游弋，白鹭飞翔，宛如置身于公园之中

2009 年 10 月，亚洲第二、中国最大的沙钢 5800 立方米高炉建成投产，年生产能力 450 万吨。图为高炉全景

2010 年 6 月 26 日，首钢京唐钢铁厂一期主体工程全面竣工投产。图为首钢京唐公司一角

2011 年 7 月 28 日，鞍钢与攀钢重组大会在北京举行。图为会议现场

2012 年 3 月 2 日，中央精神文明建设指导委员会授予郭明义同志“当代雷锋”荣誉称号。图为郭明义在矿山指挥生产的场景

2013 年 8 月，鞍钢完成了建造首艘国产航母所需的甲板钢、球扁钢等关键型号钢材的生产，为国产航母建造提供了 70% 的航母专用钢材。图为我国首艘国产航母在 2017 年顺利下水的场景

2013 年以来，搭乘“一带一路”快车，本钢集团精准布局，精耕细作，使本钢 1000 多个品种规格产品销往东南亚、西亚和中非等“一带一路”沿线 30 多个国家和地区。图为本钢产品正在装船出口

2014 年 9 月 17 日，中国首艘货油舱耐蚀钢示范油轮——“大庆 435”号举行了完工仪式。这标志着中国满足国际海事组织（IMO）最新标准要求，建立大型油轮用耐蚀钢体系取得重大进展，打破了国外的技术垄断。同时，我国首次形成了钢材产品“产学研检用”一体化的协作创新模式

2015 年 12 月 22 日上午 7 时 30 分，经历了半个多世纪，杭钢半山钢铁基地生产线上用完了最后一批坯料，流水线结束最后一道工序，机器设备也永久地停在了这一刻。图为值班工人们开始拆卸设备，进入整理工作程序

2016 年 4 月 18 日，河钢集团与塞尔维亚唯一一家国有钢铁厂斯梅代雷沃钢铁厂签署收购协议，河钢集团以 4600 万欧元购买斯梅代雷沃钢铁厂，全盘接收钢铁厂以及该厂 5050 名员工。图为斯梅代雷沃钢铁厂俯瞰

2016 年 8 月 31 日，包钢 2 号高炉开始拆除，这是全国去产能以来，钢铁企业拆除的容积最大的高炉

2016 年 11 月 24 日 9 时 56 分，山钢集团日照钢铁精品基地项目标志性工程——炼铁工程 1 号 5100 立方米高炉开始封顶

2016 年以来，马钢加速高速车轮国产化进程，整合资源成立轮轴事业部，实现优势互补。同时，马钢充分发挥境内外资源协同效应，推进瓦顿公司高铁产品进入国内，并拓展马钢车轮、轮轴产品的海外市场。 图为马钢轮轴事业部职工正在吊运车轮产品进入下一道清洗工序

2017 年 1 月 10 日，太钢正式对外宣布，历时 5 年攻关，由其研发生产的圆珠笔笔头用不锈钢新型材料成功应用于国内制笔厂家。此外，由太钢负责起草的《笔头用易切削不锈钢丝》行业标准，通过全国钢标委审核认定。该标准的制定，填补了我国该类产品标准的空白，对于提高我国相关笔头用钢的生产和实物质量水平，打破国外垄断、有效替代进口具有重要意义

2017 年 5 月 29 日，由中冶赛迪总承包，中国十九冶施工的越南台塑河静钢厂 1 号高炉成功点火。标志着中国首次特大型高炉核心技术、装备和项目管理整体出口的样板工程成功投产。该工程不但彰显了中冶装备“走出去”的实力，也成为中央企业融入“一带一路”建设，为世界经济复苏和可持续发展增添活力的成功范例

2018 年 1 月，安钢采用国际最先进技术的烧结脱硫脱硝项目竣工投用，使该企业成为行业内第一家实现全干法除尘的企业，只见烟囱不见烟的大工业生产的新图景在安钢呈现。图为安钢厂区俯瞰

2018 年 6 月 5 日，北京 2022 冬奥会和冬残奥会官方城市更新服务合作伙伴签约仪式在首钢园区北京冬奥组委会办公区举行。首钢集团正式成为北京 2022 年冬奥会和冬残奥会官方合作伙伴。图为签约仪式现场

2018 年 10 月 20 日，张家港市项目集中开工投产月活动——冶金园·沙钢集团环保技改项目开工仪式在沙钢集团 2 号 C 形料场工程项目现场隆重举行。图为开工仪式现场

2018 年 10 月 23 日港珠澳大桥正式开始通车，该工程从 2009 年开始开工建设，经过近十年的修建，该大桥总用钢量达到 42 万吨，相当于 10 个“鸟巢”和 60 个埃菲尔铁塔，这座大桥连接了香港、珠海和澳门三地。图为通车当天现场场景

2018年，太钢自主研发生产出厚度只有0.02毫米、宽度达600毫米的“手撕钢”，成为世界唯一能批量生产宽幅软态不锈钢箔材的企业

2017年建龙重工对北满特钢进行重整后，“掌上明珠”重放异彩。2018年3月份，建龙北满特殊钢有限责任公司复产4个多月便扭亏为盈，实现利润326万元。图为建龙北满特钢2018年11月投产的六机六流小方坯连铸机生产场景

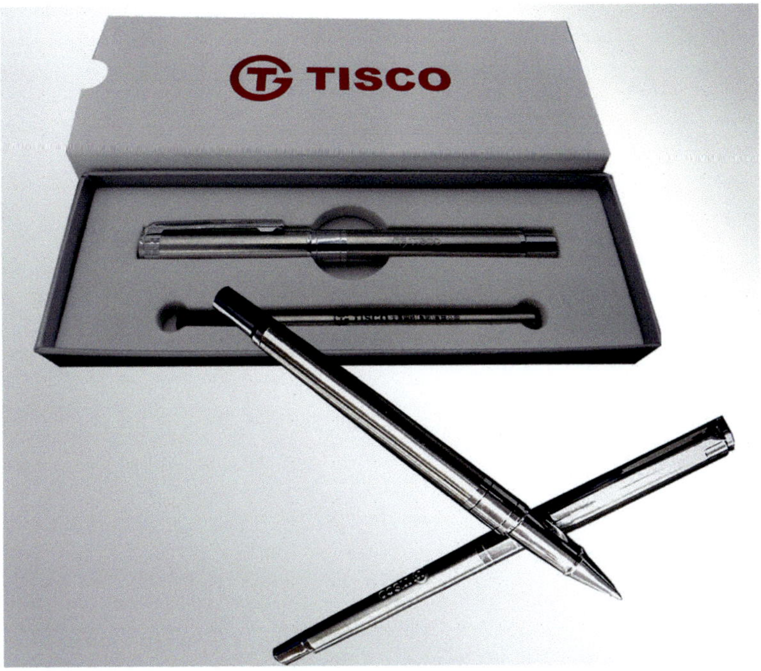

太钢笔尖钢

根据 2019 年 1 月 2 日发布的重组预案，大冶特钢将以发行股份的方式，购买泰富投资等合计持有的兴澄特钢 86.50% 股权。本次交易完成后，中信特钢将实现整体上市。9 月 21 日，中信泰富特钢集团股份有限公司正式揭牌。图为揭牌仪式现场

（附录 3 照片由中国冶金报社提供）

附录 4　中国钢铁企业绿色发展宣言

2019 年 9 月 7 日

今天，在庆祝中华人民共和国成立 70 周年之际，我们 15 家中国钢铁企业满怀信心和决心，联合签署并共同发布《中国钢铁企业绿色发展宣言》，作为新时代中国钢铁践行绿色发展理念的新起点。

历史已经证明，中国经济不断创造辉煌的过程是中国钢铁不断实现突破和持续进步的过程。新中国成立后尤其是改革开放以来，中国钢铁工业发展取得举世瞩目的成就，支撑了中国经济建设和工业化进程，为中国老百姓的美好生活做出了贡献，也以难以取代的优势影响着世界钢铁产业的发展格局。中国钢铁已成为当之无愧的工业基础、坚实可靠的国防中坚、无可替代的民生支柱、名副其实的大国基石。

中国建成了世界最完整、最齐全的钢铁工业体系，使用了世界先进的工艺、装备、流程和技术，采用了以“三干三利用”为标志的先进节能减排技术，低消耗、低污染、低排放的绿色制造取得突破性进步。钢铁行业节能环保水平进入世界先进行列，一大批钢铁企业能效已达到世界先进水平。超低排放正在钢铁行业有力推行，废水、二氧化硫和氮氧化物等排放已达到国际领先水平，一大批钢铁企业成为清洁工厂、花园工厂、绿色工厂。

历史还会证明，新时代中国特色社会主义生态文明建设的过程正是中国钢铁砥砺前行建设绿色钢铁的实践过程。新时代，新钢铁，新理念，中国钢铁将凤凰涅槃，脱胎换骨谋重生，发展绿色制造、智慧制造和精品制造，努力成为绿色发展的践行者、绿色产品的倡导者、生态环境的保护者、绿色产业的奠基者。为此，我们倡议并承诺：

绿色理念更坚定。坚决贯彻习近平生态文明思想，坚定绿色发展理念，依法经营，主动履责，实现企业与社会和谐共生的可持续发展。

绿色创新更给力。瞄准新一代清洁高效可循环生产工艺和节能减排技术，加大科技创新投入，着力突破一批核心、关键、难点技术，完善提高绿色环保标准和技术规范，将企业绿色制造技术水平提升到新高度。

环保管控更智慧。推进钢铁制造过程的环境风险源、污染源智能监控，厂区、厂界空气质量、水质智能监测，实现污染治理、环境监测和钢铁智能制造深度融合，环保管控智慧化，企业清洁生产更高效。

环境治理更有效。攻坚克难，加大环保改造力度，全面实现超低排放。加快有组织排放治理补短板，无组织排放有效控制，源头削减、过程控制技术应用更深入，污染排放总量不断减少，企业环境治理更见成效。

绿色钢铁更广泛。基于全生命周期理念开展生态产品设计，开发优质、高强、长寿命、可循环的绿色钢铁产品，发布产品环境声明，公布核心产品环境绩效，倡导环保型绿色钢铁推广应用。

绿色生态更完善。促进资源共享、产业共生、技术统一、生产协同，发展循环经济，打造绿色物流体系，开展绿色采购绿色营销，畅通钢厂与相关产业绿色生态链，实现合作共赢绿色发展。

钢厂城市更和谐。钢厂消纳处理城市废钢、废塑料、城市污水，向城市居民供热送凉，解城市之难、百姓之忧。绿化美化厂区及周边社区环境，努力建设环境友好型工厂，把钢厂建成一道道亮丽的城市绿色工业风景线。

钢铁制造更低碳。主动应对人类面临的全球气候变化的共同挑战，争做生态文明建设的先锋。引领低碳工艺、低碳技术的发展，降低温室气体排放，呵护好地球家园，携手共建造福子孙后代的绿色诺亚方舟。

我们郑重地共同签署和发布《中国钢铁企业绿色发展宣言》，并愿意接受社会和公众监督。

历史必将证明，绿色将是中国钢铁高质量发展的鲜明底色，中国钢铁必将为工业文明与生态文明和谐共融、人与自然和谐共生做出功在当代、利在千秋的新的巨大成就，为“两个一百年”宏伟蓝图的实现贡献钢铁力量。

签署钢铁企业（法人或法人代表）（排名不分先后）：

中国宝武钢铁集团有限公司 、鞍钢集团公司、首钢集团有限公司、河钢集团有限公司、太原钢铁（集团）有限公司、江苏沙钢集团有限公司、马钢（集团）控股有限公司、安阳钢铁集团有限责任公司、山东钢铁集团有限公司、湖南华菱钢铁集团有限责任公司、本钢集团有限公司、包头钢铁（集团）有限责任公司、天津市新天钢钢铁集团有限公司、北京建龙重工集团有限公司、中信泰富特钢集团有限公司

见证签署方：

中国钢铁工业协会

（原刊于《中国冶金报》2019 年 9 月 10 日 2 版）

附录5 纪录片《中国钢铁——让世界更美好》解说词

扫码看纪录片

我们用钢铁
激活城市
我们用钢铁
连接世界
我们用钢铁
探寻宇宙的奥秘
我们用钢铁
呵护我们的生活
我们用钢铁
点亮人类的文明
在世界的每一个角落
在人们生活的每一个细节
我们不断生产人们构筑生活的原料
我们不断创造人们实现梦想的素材
中国钢铁——让世界更美好

【第一部分：往事——文明回望】（娓娓道来）

文明初肇。春秋时代，在霸主争雄的壮阔画卷中，中国生铁冶铸技术就已诞生，领先1900多年燃起人类社会新时代的黎明。在长达2000多年的时间里，中国冶铁炼钢技术一直领先世界，影响着其他文明。然而，在中国沦为半封建半殖民地社会的100多年里，民族钢铁工业更是历尽劫波，奄奄一息。

1949年，新中国钢铁工业在解放战争的硝烟中诞生。

15.8万吨的钢产量，中国钢铁企业与共和国一同筚路蓝缕，白手起家。

党中央把发展钢铁工业摆在突出重要的位置，掀起了3次建设高潮，新中国钢铁工业布局基本形成。从犁头到坦克，从铁轨到“两弹一星”，钢铁人披荆斩棘，中国人终于靠自己撑起了国家的钢铁脊梁。

【第二部分：改革——拥抱时代】（正常叙述）

1978 年 12 月 23 日，十一届三中全会闭幕后的第一天，宝钢打下了第一根桩。从此，中国钢铁甩开大步，赶超世界先进水平。

与全盘引进国外先进技术建设新厂并行，钢铁企业克服重重困难，开始了大规模技术改造和凤凰涅槃般的体制机制改革。从引进消化吸收再创新，到集成创新、自主创新，再到完全自主设计建设千万吨级以上现代化特大型钢铁基地；从首钢承包制，到武钢走质量效益型道路、邯钢经验，再到宝钢现代化企业管理经验，在改革开放的40年里，钢铁工业解放思想、解放生产力，逐步建起了全球领先的生产能力，有力支撑了国民经济各行各业的腾飞。

中国钢产量自 1996 年首破 1 亿吨后，一直保持世界第一产钢大国的地位，一举结束了钢铁短缺时代。2006 年，我国成为钢材净出口国，结束了 100 多年来依靠进口钢材发展经济的历史。

40 年革故鼎新，彻底结束了缺钢少铁、积贫积弱的历史，中国钢铁，奠定了中国人民富起来的钢铁之基。

【第三部分：辉煌——铸就华章】（自信）

一代人有一代人的使命。进入新时代，创新、协调、绿色、开放、共享，成为钢铁人的信念、坚守。

2016 年至 2018 年，作为供给侧结构性改革的先行者，中国钢铁行业累计压减粗钢产能 1.5 亿吨以上，提前两年完成“十三五”去产能目标任务，并且彻底清除了“地条钢”毒瘤，市场环境明显改善。中国有效化解钢铁过剩产能，为全球钢铁市场回暖做出了重大的贡献。

人民的期望，就是中国钢铁人的使命。为打造先进、高效、可持续发展的钢铁工业，高质量实施超低排放，打赢蓝天保卫战，绿色发展面貌一新的中国钢铁企业，正在积极响应人民的期待，帮助人们实现梦想的绿色生活。

今天，钢铁工业创新体系日益完善，创新能力显著提高。推进两化深度融合、智能制造，中国钢铁不再满足于与世界强手齐头并进，开始挑战世界技术的极限，攀越人类工业文明的巅峰。

今天，一批具有国际竞争力的大型、特大型钢铁强企正在向我们走来。以顶尖技术创造性能卓越的钢铁，为全世界提供着更加优秀、更有科技含量的材料源头。

今天，新时代的新钢铁，正在中国人民强起来的征程上，树立起一个个钢铁的路标。以开放、共享，共同为人类命运奋斗的精神，带动全球钢铁企业走向人类社会的新纪元。

追逐着全球化的大潮，行进在“一带一路”上的中国钢铁，彰显着前所未有的造福世界的责任和担当。

【第四部分：未来——科技筑梦】

熔炼人类的精神与意志，不断注入新的生命；继续探求钢铁的无限可能。

未来钢厂，将是一座城市的绿肺，源源不断提供洁净的空气，消纳废弃物；将是人类生活的呵护者，为美好生活提供热源、电力、钢材；将是5G应用的引领者，高度智能化、个性化、无人化；将在自动化基础上，实现全生命周期过程的实时、智能、可控，让一切过程尽在掌握；未来钢厂，知你所需，懂你所想，为你服务……

走得再远，也不要忘记来时的路。

70年炙焰炼初心，70年铁肩担使命。70年爬坡过坎的我们，正迈入一个激动人心的新时代。

人类发展的步伐正在与我们的想象力一同疾速前行。材料、工业、文明都在全速演进、变革。中国钢铁，践行着一个又一个人类曾可望而不可及的梦想，助力世界，把人们心中憧憬的美好生活方式化为现实。

中国钢铁——用行动让世界更美好。

（纪录片原播于《中国冶金报》官方微信2019年9月7日）